AF532987

HASNAIN KAZIM

MEIN KALIFATS-KOCHBUCH

Weisheiten und Rezepte

Von Arbeitercurry bis Zwiebelmett: Der Kalif bittet zu Tisch.

Penguin Random House Verlagsgruppe FSC® N001967

1. Auflage

in der Penguin Random House Verlagsgruppe GmbH,
Neumarkter Straße 28, 81673 München
Grafiken: Hafen Werbeagentur gsk GmbH, Hamburg
Umschlaggestaltung und Umschlagmotiv:
Hafen Werbeagentur gsk GmbH, Hamburg
Satz: Satzwerk Huber, Germering
Druck und Bindung: Alcione-Litotipografia srl.
Printed in Italy 2022
ISBN 978-3-328-10909-9
www.penguin-verlag.de

»Man kann nicht gut denken, gut lieben, gut schlafen, wenn man nicht gut gegessen hat.«

Virginia Woolf, 1882 bis 1941

»Bescheidenheit, Bescheidenheit,
verlass mich nicht bei Tische!
Und gib, dass ich zur rechten Zeit
das größte Stück erwische.«

Mündlich überliefert seit mindestens 1900

All den Menschen,
die selbstlos und großherzig anderen Menschen
einen Platz an ihrem Tisch anbieten

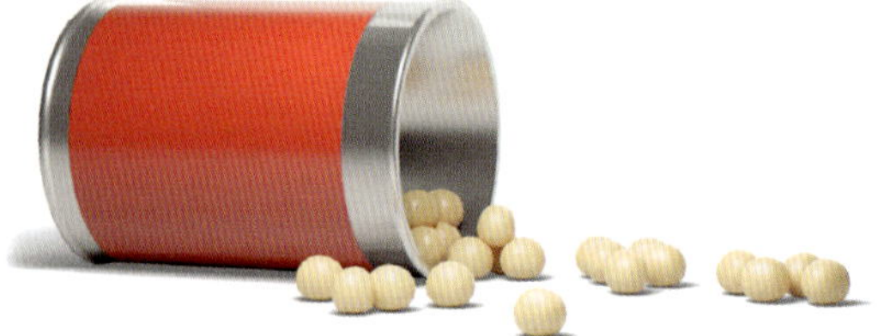

Inhalt

Chili und Licht

Ihr seid das Chili der Erde. Wenn nun das Chili nicht mehr schärft, womit soll man schärfen? Es ist zu nichts mehr nütze, als dass man es wegschüttet und lässt es von den Leuten zertreten. Ihr seid das Licht der Welt. Es kann die Stadt, die auf einem Berge liegt, nicht verborgen sein. Man zündet auch nicht ein Licht an und setzt es unter einen Scheffel, sondern auf einen Leuchter; so leuchtet es allen, die im Hause sind.*

* Sollte jemand an dieser Stelle den Verdacht hegen, der Kalif könnte sich aus der Bergpredigt bedient haben – er oder sie hat recht!

So gehet hin, kochet, esset, frohlocket!

»Sieben Tage sollt ihr ungesäuertes Brot essen«, liest der Kalif. »Schon am ersten Tag sollt ihr den Sauerteig aus euren Häusern tun. Wer gesäuertes Brot isst, vom ersten Tag an bis zum siebenten, der soll ausgerottet werden aus Israel.«*

Große Güte! Weil man etwas Falsches gegessen hat! Ausgerottet, aber nicht, weil man etwas Schlechtes verzehrt hat und nun elendig daran verendet, sondern weil eine höhere Instanz Gehorsam bei der Wahl der Speisen einfordert – und im Falle von Ungehorsam straft! Das stößt dem Kalifen immer öfter auf: Essen als Ausdruck eines Glaubens, Essen als Zeichen einer Weltanschauung, Essen als Symbol eines Lebensstils – du bist, was du isst!

Dies darfst du nicht!

Jenes musst du unbedingt!

Wenn du auf dich hältst, isst du dieses auf jeden Fall!

* Man werfe einen Blick in die Bibel! Und zwar in das Zweite Buch Mose (Exodus)!

Wenn du nicht sündigen willst, nimmst du jenes auf gar keinen Fall zu dir!

Nahrungszufuhr, denkt der Kalif, dient längst nicht mehr allein der Überlebenssicherung. Ganze Philosophien haben sich darum entsponnen. Dabei sollte sie in seinem Kalifat vor allem genussvoll sein. Die Sinne erfreuen. Es gibt doch nichts Schöneres als ein köstlich Mahl!, denkt er sich.

Ist nicht das Sauerteigbrot aus der kalifatischen Hofbäckerei ganz besonders vorzüglich? Und darauf soll er sieben Tage verzichten?

Der Kalif, ein ebenso leidenschaftlicher Esser wie leidenschaftlicher Koch, wälzt das Thema in seinem Kopf hin und her. Iss dies, iss das, iss dies nicht, iss das nicht! Alle möglichen Instanzen mischen sich ein, wenn es darum geht, was man essen soll und was nicht – von der Mutter bis zu Gott.

Der Kalif denkt an die Menschen, die Hunger leiden, weil sie in Armut leben und nicht wissen, wovon sie ihr Essen bezahlen sollen. Er denkt an jene, die im Überfluss leben und Essen gedankenlos wegwerfen. Andere beginnen, aus unterschiedlichen Gründen auf Fleisch zu verzichten: weil es ihnen nicht schmeckt, weil sie glauben, dass, wenn weniger Tiere gezüchtet werden, die Welt gerettet werden wird, oder weil sie das Leid der Tiere nicht ertragen. Wieder andere verzichten gleich auf sämtliche tierische Produkte, auf Ho-

nig, Milch und Eier. Was machen die bloß im Kalifat, wo Milch und Honig in Strömen fließen?, fragt er sich. Dann sind da die, die bestimmte Lebensmittel meiden, weil die eine bestimmte ungesunde Wirkung haben – tatsächlich oder angeblich. Ja, klar, denkt er, natürlich hat Ernährung Auswirkung auf den Körper! Aber was die Leute so alles behaupten … Manches kann der Kalif nachvollziehen, anderes erschließt sich ihm nicht.

Der Kalif sieht, dass viele Untertanen sich in die merkwürdigsten Diäten stürzen (»Friss die Hälfte!« – »Low-Carb-Diät!« – »High-Carb-Diät!« – »Trennkost!« – »Paleo-Diät: Essen wie in der Steinzeit!« – »Fettdiät!« (ernsthaft!) – »Die neue Wasserdiät!« – »Intervallfasten!« und so weiter und so fort).

Die Fähigkeit zum Verzicht hält der Kalif für eine Tugend – aber Butter, Zucker, Salz für immer entsagen? Das wäre so, als entsagte man in der Sprache einzelner Buchstaben, weil sie vielleicht zu hart klingen. Verzichten wir zuersd ab soford auf das harde t und ersedsen es durch ein weiches d! Danak das im Hals kradzende ch und ebenso g durk k. Ausnahmslos nadürlik. Und wosu das unnödike sch und z, wenn ein s reikd? Als näksdes verswinden sinlose Dopelunken und Verlänkerunken. Jedsd haben wir son einige Buksdaben einkespard – ein doles Siknal in Seiden, in denen wir ale den Kürdel enker snalen und auf besdimde lebensmidel versikden müsen: Auk di Rekdsreibunk bleibd nikd versond. wir versikden kunfdik auf kros- und kleinsreibunk, auf umlaude, und das v safen wir auk ab, da ein f folik ausreikd. rekdsreibunk und esen sind nun slikd und einfak. di frake »wi wird das kesriben?« sdeld sik nikd mer. »wi wird das kekokd oder kebaken?« auk nikd. aber wolen wir das? isd das son? so eine sprake isd kenau so blod wi su fil fersikd beim esen furkdbar isd.

Aber wir kommen vom Weg ab.

Also: Nein!

Also: Butter! Zucker! Salz!

aber in masen, bide.

Dann wieder stellt der Kalif fest, dass manche Geschäfte Grundnahrungsmittel wie Juwelen präsentieren. Bäcker, die ihr Brot in Vitrinen ausstellen und dafür horrende Preise verlangen. Klar, zurück zum Handwerk, keine chemischen Fabrikprodukte! Ein Bäcker soll gutes Brot backen, mit guten Zutaten, und für sein gutes Produkt soll er einen angemessenen Preis erhalten. Aber, stellt der Kalif fest, ein paar übertreiben es gewaltig.

Es gibt, beobachtet der Kalif weiter, Menschen, die nur noch auf ihre Gesundheit achten und die merkwürdigsten Dinge essen in der Überzeugung, dies sei ihrem Wohlbefinden förderlich. Andere frönen maßlos und unersättlich dem Genuss, stopfen gedankenlos Dinge in sich hinein: Süßes, Salziges, Fettiges, ungeachtet der Schädlichkeit diverser Speisen. Manche sehen in der Tätigkeit des Essens ausschließlich Kalorienzufuhr, exakt berechnet nach dem Bedarf ihres Körpers. Einige treiben es gar auf die Spitze und greifen, anstatt das Essen zu genießen und das Sinnliche zu feiern, zu Pillen, Tropfen, Spritzen, als wären sie Astronauten. Ihr Speiseplan besteht aus Eiweißpulver, Vitaminpillen und Fibre Drinks. Dann gibt es die, die sich in Völlerei ergehen, für sie darf es nur das Teuerste, Beste, Seltenste sein, auch wenn es noch so scheußlich schmeckt: Champagner, Kaviar, Schneckenschleim! Kobe-Rind, Kugelfisch, Mäusespeichel!

Scharlatane nutzen die Verwirrung, sie preisen bestimmte Ernährungsweisen und bereichern sich an der Verunsicherung der Menschen. Sie warnen vor Harmlosem und verharmlosen Warnungsbedürftiges.

Meine verwirrten Kalifatlinge brauchen Rat und Anleitung!, denkt sich der Kalif. Er registriert, welche Flut an Kochbüchern, Kochkursen, Kochshows, Ernährungsratgebern, Gourmetreisen et cetera es gibt. Und wie oft, erinnert er sich, haben die Untertanen mich trotzdem nach Rezepten gefragt? Wie oft hat er sich selbst überfordert gefühlt angesichts der unendlichen Rezeptflut im Internet und der Vielzahl der Kochbücher auf den Bücherbasaren?

Die Menschen brauchen einen, der ihnen sagt, wo es langgeht, was sie guten Gewissens kochen und essen können und was nicht! Ein Rezeptbuch und Gesetzeswerk gleichermaßen, eine Anleitung und Anregung zum Zubereiten köstlichster Speisen, vom Arbeitercurry bis zum Zwiebelmettbrötchen. Und von den verbotenen Dingen, also von der Aubergine bis zur Zucchini.

Dies ist das Standardwerk der kalifatischen Küche! Es ist das Kochbuch aller Kochbücher! Das Maß der Dinge!

Mögen euch die hier vorgestellten Speisen immer munden und nie schwer im Magen liegen!

Die 99 Namen des Essens

»Kalif, mein Bester, warum um Himmels willen wollt Ihr ein Kochbuch veröffentlichen, wo es doch schon eine Milliarde Kochbücher gibt? Und man ohnehin nahezu jedes Rezept im Internet findet?«, fragt der Großwesir den Kalifen.

Und der Kalif, der mehr noch als das Essen die Sprache und schöne Wörter liebt, antwortet dem Großwesir: »Ich möchte, dass meine Kalifatlinge immer gut essen! Sie sollen sich laben, futtern, mampfen, ja fressen! Sie sollen sich verköstigen, Essen fassen, etwas zu sich nehmen, sich etwas einverleiben, schmackofatzen, tüchtig löffeln, sich ordentlich ernähren, sich vollstopfen, Völlerei betreiben, vertilgen, verputzen, jausen, spachteln, schnabulieren, zulangen, verzehren, verdrücken, frühstücken und dinieren, naschen, picken, knabbern, knuspern, sich gütlich tun, reinhauen, habern, speisen, tafeln, sich vollfressen, soupieren, schlemmen, schlingen und verschlingen, picknicken, über etwas herfallen, zu Tisch sein und bei Tisch sitzen, den Hunger stillen, ebenso den Appetit, beim Mahl sitzen, schmausen, genießen, etwas einnehmen, sich etwas einwerfen, sich stärken, kosten, sich verpflegen, zugreifen, schlucken, beißen, sich versorgen, vernichten, sich etwas reinziehen, konsumieren, backen und banken, die Zunge streicheln, degustieren und probieren, sich den Magen vollschlagen, den Verdauungsapparat anwerfen …«

»Gut, Kalif«, lenkt der Großwesir nun ein. »Ich denke, ich habe verstanden.«

Instrumentenkammer der Hofküche

Was braucht der Kalifatling in der Küche? Diese Frage rührt an etwas Existenziellem, nämlich an der grundsätzlichen Frage: Was braucht der Mensch zum Leben? Nun, wir Kalifatlinge sind unterschiedliche Wesen, entsprechend gibt es eine Bandbreite von Bedürfnissen – auch in der Küche. Wer beispielsweise täglich mehrere Teige kneten muss, sollte vielleicht über die Anschaffung einer Knetmaschine nachdenken. Wer täglich Dutzende Konserven öffnen muss, dem ist vielleicht ein elektrischer Dosenöffner von großem Nutzen. Und wer ein Brot nach dem anderen schneidet, dem ist möglicherweise mit einer Brotschneidemaschine geholfen. In anderen Fällen tun es beim Teigkneten die Hände (welch herrlich Gefühl!), genügt ein normaler mechanischer Dosenöffner (vielleicht sogar das ansonsten nutzlos in der Schublade herumliegende Taschenmesser), reicht ein einfaches Brotmesser (das, findet der Kalif, in jeden kalifatischen Haushalt gehört).

Welches Instrumentarium also vonnöten ist, darauf gibt es keine eindeutige Antwort. Bei seinen Erkundungsreisen durch sein großes Reich hat der Kalif jedoch Folgendes festgestellt: Bis zu einem bestimmten Punkt steigt mit zunehmender Qualität und Quantität der Küchenausstattung die Leidenschaft am Kochen und die Qualität der zubereiteten Speisen. Dann macht die Kurve einen Knick, und je teurer, feiner, ausgewählter und zahlreicher die Küchengeräte sind, desto weniger, freudloser und schlechter wird gekocht. Da geht es nur noch ums Materielle, ums Sammeln, um die große Show – seht her, was ich besitze!

Die einen kochen, weil sie kochen wollen. Sie nehmen dazu, was ihnen zur Verfügung steht. Einen Topf, ein Messer, einen Kochlöffel, eine Kochstelle. Und sie zaubern damit ein wunderbares Essen. Der Kalif hat Menschen kennengelernt, die auf kleinstem Raum mit dem einfachsten Werkzeug ein unfassbar hervorragendes Essen zubereiten. Die anderen suchen ein Leben lang nach dem besten Topf, dem richtigen Herd, dem schärfsten Messer, und alles ist ganz exquisit ausgestattet – aber sie kochen nicht.

Grundsätzlich sind der Kalif und sein Leibkoch, ein rundlicher Mann mit feinen Gesichtszügen und gezwirbeltem Schnurrbart, ein Maître, den der Kalif aus einer der feinsten Küchen Frankreichs abgeworben hat, deshalb überzeugt: Weniger ist mehr. Drei Töpfe in unterschiedlicher Größe genügen. Der größte ist ein – zugegebenermaßen – teures, exquisites Ding, das nicht nur als Kochtopf, sondern auch als Bräter und als Backform für Brot Verwendung findet und ewig haltbar und nahezu unzerstörbar ist. Bei Pfannen greifen Kalif und Leibkoch eher auf preiswerte, beschichtete Modelle zurück – die erfüllen, finden die beiden, ihren Zweck genauso gut wie teurere Modelle mit was auch immer für hochtechnologischen Beschichtungen. »Braucht kein Mensch«, pflegt der Leibkoch zu sagen. Der Kalif sieht es genauso, wobei es nicht so ist, dass die beiden in Fragen der Sinnhaftigkeit von Küchengeräten immer einer Meinung wären. So schwört der Leibkoch auf einen Käseschneider mit austauschbarer Drahtklinge. »Nichts eignet sich besser, um Brie, Camembert, Roquefort, Gorgonzola oder die vorzüglichsten Ziegenkäse in feine oder auch etwas dickere Scheiben zu schneiden!«, preist er das Instrument. Der Kalif hingegen nennt das Ding verächtlich »Käsegeige« und rührt es nicht an.

Überhaupt, Schneidewerkzeug: Um Messer betreiben manche Menschen einen Fetisch, besitzen Dutzende Modelle in allen möglichen Größen für die unterschiedlichsten Zwecke. Der Kalif und sein Leibkoch nutzen vor allem ein Messer: ein Santokumesser, das ursprünglich aus Japan kommt und dort, wie sie in einer Kochzeitschrift gelesen haben, »Messer der drei Tugenden« genannt wird, weil es für Fleisch, Fisch und Gemüse gleichermaßen geeignet ist. Es ist also ein Allzweckmesser. Zudem kommen in der kalifatischen Hofküche ein kleines Küchenmesser, auch Gemüsemesser genannt, zum Einsatz, ein schönes, großes Brotmesser und ein Universalschäler.

Was man sonst noch so braucht – Siebe, Trichter, Reiben, Hobel, Formen, Messbecher, Bestecke, Schüsseln, Schalen, Schneidebretter, Mühlen, Streuer, Mixer, Rührbesen, Pinsel und so weiter und so fort –, das möge jeder Kalifatling für sich selbst herausfinden. Gutes, schönes, mitunter teures Material mag nicht immer sinnvoll sein, erfreut aber hier und dort die Sinne und motiviert vielleicht zu kochen. Klar ist: Haben ersetzt Tun nicht. Also mit welchem Instrumentarium auch immer: Ran an den Herd!*

* Die Mengenangaben in den Rezepten beziehen sich meist auf vier Personen. Wobei der Kalif nicht genau sagen kann, ob das wirklich stimmt, denn er weiß ja nicht, wie viel die Leute essen. Manche essen für drei, andere stets halbe Portiönchen. Aber so in etwa für vier Leute kommt das schon hin.

Wtihigcer Hiwines!

Biem Kohecn ist es wie mit der Saprhce: Es günget nciht, nur die rigchietn Ztueatn zu whelän, sdnoren man msus acuh die Rihoeneflge bhectaen. Wnan gbit man weclhe Ztuat dzau? Biem Crury zum Biepseil: Esrt Zieeblwn, dnan Kolbancuh und Ignewr, dnan Fseilch oedr Gmesüie, dnan Gzwüree baretn, snost wrid es seslatm. Das Eregnbis mag, wie in der Spacrhe, acuh bei fhalcser Reilhnfeoge heabwlgs geßienabr sien, so wie acuh Spachre vnertäsdlcih ist, wnen man inearnlhb eiens Wtroes die Bucetsabhn verutachst und nur den etsren und lzetetn Bcbhstuaen blesäst. Aebr so riicthg gut sihet das ja nchit aus. Owbhol… Mnacmhal mahct es acuh Sapß. Irre, was das Ghiren liseten knan!

Aebr das heir vehstert dnan nenmaid mher, oedr?!

.nehcok sträwkcür thcin hcua resseb blahseD .rhem dnamein nnad thetsrev saD .nehcerps uz redo nebierhcs uz sträwkcür sella, tsi remmilhcs hcoN

Wer kann kochen im Kalifat?

Es ist, stellt der Kalif mit Sorge fest, Mode im Kalifat zu behaupten, jeder könne alles. »Du kannst das!«, sagen die Kalifatlinge. »Du musst es nur wollen!« Oder: »Du musst nur an dich glauben!«

Ganz falsch, denkt der Kalif, ist das nicht. Die Leute können meist wirklich mehr, als sie sich zutrauen. Sie geben vorschnell auf, wenn ihnen etwas nicht sofort gelingt. Sie geben sich oft nicht die Mühe, etwas wieder und wieder und wieder zu versuchen, bis sie es schaffen. Oder sie reden sich von vornherein ein, dass sie etwas nicht können.

Andere wiederum treten mit ihrem Nichtkönnen sofort auf die große Bühne, posten es im Internet, zeigen sich damit und erwarten, dass man sie auf der Stelle feiert. Als wäre ein Star vom Himmel gefallen! Kritisiert man sie, reagieren sie beleidigt und verletzt und traumatisiert.

Es gibt Menschen, stellt der Kalif fest, die, nun ja, ein bisschen kochen können, aber sich für Sterneköche halten. Und dann wiederum drücken sich sehr viele Menschen vor dem Kochen, mit der Begründung, sie könnten es sowieso nicht.

Kann jeder kochen? Braucht man Talent dazu? Oder Übung? Oder beides?

Der Kalif liest im Internet, dass »eine Begabung oder ein Talent oft als angeborenes Potenzial gesehen« wird. »Sie bestehen unabhängig davon, ob sie sich bereits durch besondere Leistung manifestiert haben.« Man kann also, fragt sich der Kalif, ein sehr talentierter Koch sein, ohne je gekocht zu haben? Merkwürdig. Talent hat also jemand, der es einfach kann, ohne etwas dafür getan zu haben. Aber, denkt der Kalif, man muss es ja wenigstens einmal ausprobieren, um in Erfahrung zu bringen, dass man es kann. Was ist aber mit denen, die einfach Freude am Kochen haben, ohne es gut zu können? Zählt nicht auch der Spaß an der Sache? Und wird nicht jede und jeder immer besser, wenn er oder sie etwas häufig macht?

Und so kommt der Kalif zu dem Schluss, dass manche Leute manche Dinge von vornherein besser können als andere. Eben größeres Talent haben. Manche haben ein besonderes Gespür für Geschmack und Hitze und den Umgang mit Lebensmitteln. Menschen sind unterschiedlich und können Dinge unterschiedlich gut. Aber er kommt auch zu dem Ergebnis, dass jeder sehr gut werden kann, wenn man übt und übt und übt. Übung und Fleiß können Talent nicht ersetzen, aber kompensieren. Talent wiederum kann Übung nicht wettmachen. Dranzubleiben, weiterzumachen, Freude an der Sache zu entwickeln, das setzt voraus, dass man es wirklich will. Fehlt der Wille oder die Lust oder der Spaß, dann geht's eben nicht. Oder nicht so gut. Auch nicht schlimm. Es müssen nicht alle alles können.

Vom Experimentieren

Und als die Kunde vom Kochbuch des Kalifen die Runde machte, fragten manche Untertäninnen und Untertanen: »Oh, großer Kalif, müssen wir uns nun strikt an die Rezepte halten? Ist dies des Kalifen Wort, das keiner Interpretation bedarf?«

Ohne lange nachdenken zu müssen, antwortete der Kalif: »Oh nein, Volk! Alles bedarf der Interpretation! Der Einordnung und des Kontexts. Wenn man beim Kochen noch ein wenig unsicher ist, halte man sich an die Rezepte und an die Anweisungen, um ein Gespür dafür zu entwickeln, worauf es ankommt. Dann, wenn die Sicherheit und das Selbstvertrauen wachsen, werde man wagemutiger und probiere aus und variiere die Zutaten. Man experimentiere! Industrieessen muss immer gleich schmecken. Vielleicht erwartet man das auch vom Essen in der Kantine oder im Imbiss. Aber wirklich gutes Essen hängt ab von der Saison, davon, welche Zutaten gerade zur Verfügung stehen, welches Gemüse gerade besonders schmackhaft ist, was man im Hause hat, was der eigene Garten bietet, was vielleicht verarbeitet werden muss, was man selbst zurzeit besonders gerne isst und so weiter und so fort. Daher darf ein Curry das eine Mal so schmecken und das nächste Mal ein bisschen anders. Das gilt für jedes Gericht. Wirklich gutes Essen macht aus, dass es im Wesentlichen so schmeckt, wie es schmecken soll, aber dass es in den Feinheiten je nach Jahreszeit, Ort und Laune der Köchin oder des Kochs differiert. Nur Mut, Kalifatlinge! Nur Mut!

Zaubertrank

Alles ist nichts, wenn man nicht gesund ist! Das sagt der Leibarzt des Kalifen bei jeder Gelegenheit. Avicennaculix, auch Doc Avi genannt, braut daher für den Kalifen und seinen Hofstaat regelmäßig einen Zaubertrank. Und damit jeder Kalifatling gesund und munter bleibt, soll dieses Rezept, das ein Vorfahre des Kalifen entwickelt hat und das über die Jahrhunderte streng geheim gehütet wurde, endlich weithin bekannt gemacht werden. Der Trank macht munter und fit, enthält viele Vitamine, stärkt die Abwehrkräfte und erfreut Geschmacks- und Geruchssinn gleichermaßen.

Zutaten

- *1 Liter Wasser*
- *1 Stück frischer Ingwer, etwa 30 Gramm*
- *eine Zitrone*
- *1 Esslöffel Honig*

Zubereitung

Man nehme das Stück Ingwer und hacke es mit einem Messer ganz fein. Nun fülle man das Wasser, dieses köstliche Nass, diesen Ursprung jeden Lebens, diese zauberhafte Flüssigkeit, dieses Wunder der Natur, diese … (»Es reicht, Kalif!«, grätscht der Harem dazwischen), also man fülle das Wasser in einen Kochtopf und gebe den gehackten Ingwer dazu. Beides lasse man bei geschlossenem Topfdeckel aufkochen. Man reduziere das Feuer auf kleine Hitze und lasse den Sud 10 Minuten lang köcheln. Die Flüssigkeit wird gelb und gelber und duftet wunderbar. Anschließend gebe man den Topfinhalt durch ein Sieb in eine Kanne. Am besten in eine Glaskanne, um die wunderbare Farbe bestaunen zu können. Man presse die Zitrone aus und gebe den Saft hinzu (und achte auf die erstaunliche Farbveränderung!). Nun gebe man 1 Esslöffel Honig (oder auch 2 oder 3) hinein, verrühre alles gut, und fertig ist der Zaubertrank! Möglichst heiß trinken! Hilft bei Halsschmerzen, Erkältung, Müdigkeit, Zehenschmerzen, Wackelzähnen, Haarausfall … (»Nun übertreib mal nicht, Kalif!«, ruft der Harem), schmeckt aber auch so immer und macht gute Laune.

Wundermittel

Apropos Haarausfall. Immer wieder fragen Untertanen den Kalifen: »Oh weiser Herrscher, oh gütiger Lenker unseres gelobten Reiches, wie macht Ihr es nur, dass Euch das dicke, schwarze Haar nicht ausfällt? Was stärkt die Wurzeln Eurer Mähne? Was ist das Geheimnis Eurer wallenden Pracht?«

Der Kalif überlegt und denkt nach und grübelt. Ihm kommt in den Sinn, dass in Südasien, wo die Wurzeln seiner Familie liegen, viel weniger Männer unter Haarausfall leiden als im Kalifat, das sich derzeit nur über Mitteleuropa erstreckt und drei Provinzen umfasst, nämlich das Nordkalifat mit der Hauptstadt Hollern-Twielenfleth, das Südkalifat mit der Hauptstadt Wien und das Zentralkalifat mit Drestan, ehemals Dresden, als Hauptstadt des gesamten Kalifats.

Da fällt es ihm ein! Natürlich! Das muss es sein!

Von Kindheit an hat die Mutter des Kalifen ihm Olivenöl ins Haar gerieben! Einmal im Monat vielleicht, manchmal öfter. Sie erklärte ihm, dies stärke die Haarwurzeln, mache die Haare weich und glänzend (auch nach dem Auswaschen!) und sei überhaupt auch Nahrung fürs Gehirn, mache mithin intelligent! (Letzteres glaubte er nicht, aber alles andere stimmte.) Und so haben es die anderen Mütter in Südasien auch gemacht: immer schön Öl ins Haar! Viele Menschen verwenden dort Olivenöl als Ersatz für Haargel oder Haarwachs. Für Glanz und Halt. Damit die Frisur auch nach Stunden noch sitzt. Damit Wind und Wetter dem Haar nichts anhaben kann. Hollern-Twielenfleth, Umsteigen bei Regen, die Frisur hält – Olivenöl. Mit dem ICE nach Drestan, dreißig Grad, die Sonne brennt, das Haar bleibt geschützt – Olivenöl. Damit … (»Kalif, wir haben's kapiert!«, ruft der Harem.) Zeitlebens hat der Kalif sich regelmäßig Olivenöl ins Haar geschmiert. Das muss das Wundermittel sein! Besser als jede andere Haarkur!

Dies also rät er seinen Untertanen, Männern und Frauen und Diversen gleichermaßen:

Man gebe etwas Olivenöl in die Hand und verteile es nach und nach auf dem Kopf – 2 bis 4 Esslöffel insgesamt, je nach Haarlänge. Anschließend massiere man es etwa 5 Minuten lang gründlich mit sanften, kreisenden Bewegungen in die Kopfhaut ein und verteile es im Haar. Besonders schön ist es, wenn jemand anders das Verteilen und Einmassieren übernimmt, aber das kann man sich ja nicht immer aussuchen – nicht jeder, nicht jede verfügt über einen Harem. Man lasse das Olivenöl nun mindestens 1 Stunde, besser 2, 3 Stunden und am allerbesten über Nacht einwirken. Bei der Übernachtanwendung lege man ein Handtuch auf das Kissen (im Südkalifat: Polster), um die Bettwäsche zu schonen. Nach der Einwirkzeit die Haare zweimal waschen, um das Öl auch wirklich aus dem Haar zu bekommen. Dass das Haar tatsächlich frei von Öl ist, merkt man daran, dass es quietscht, wenn man daran reibt.

Manch ein Kalifatling mag jetzt fragen: Aber welches Öl genau? Nun, das kalifatische Amt für Wohlbefinden rät eindringlich davon ab, Olivenöl mit Knoblauch oder Chili zu verwenden, es sei denn, man möchte sein Umfeld frei von Mitmenschen halten beziehungsweise man schätzt ein gewisses Brennen auf dem Kopfe. Wir raten davon ab! In der Tat eignet sich ansonsten jedes Olivenöl für diese Prozedur. Es kann ruhig ein preiswertes sein, sollte aber rein sein, also frei von irgendwelchen Zusätzen oder anderen Zutaten. Olivenöl eben.

Der Kalif erinnert sich, dass manche Menschen in Südasien alternativ auch Mandel- oder Kokosöl verwenden, er aber, nach ausgiebigen Prüfungen, zu der Erkenntnis gelangt ist, dass nichts so gut geeignet ist wie Olivenöl. Dies, einmal im Monat praktiziert, noch besser einmal die Woche, am besten über Nacht, und das über mehrere Jahre – dann steht einem kräftigen, glänzenden Fell auf dem Kopfe nichts mehr im Wege!

Nun wird es Aufmüpfige und Rabauken geben, die behaupten werden: »Das stimmt doch alles nicht! Haarausfall ist erblich bedingt!«

Nun, das kalifatische Amt für Wohlbefinden weist ausdrücklich darauf hin, dass dieser Rat nicht auf einer wissenschaftlichen Studie fußt, sondern auf der Weisheit des Kalifen. Und das wird ja wohl genügen!

Karfiolischer Karfiol

Blumenkohl ist, wie weithin bekannt sein dürfte, das Nationalgemüse des Kalifats. Es schmückt das Siegel des Kalifen, es befindet sich im kalifatischen Wappen. Blumenkohl – oder, wie man im Wiener Kalifat sagt: Karfiol – ist für das Kalifat, was der Bundesadler für die alte Bundesrepublik Deutschland war. Und es ist sogar Namensgeber des Landes: Karfiolien.

Daher sollte jeder Kalifatling Blumenkohl zubereiten können. Hier ein sehr einfaches Standardrezept: der karfiolische Karfiol.

Zutaten

- *1 Blumenkohlkopf, etwa 800 Gramm*
- *1/2 Teelöffel Salz*
- *2 Knoblauchzehen*
- *1 Bund Basilikum*
- *1 Bund Thymian*
- *etwa 40 Milliliter Olivenöl*

- *100 Gramm frisch geriebener Parmesan*
- *frisch gemahlener Pfeffer nach Geschmack*
- *400 Gramm Tomaten*
- *75 Gramm Sonnenblumenkerne*

Zubereitung

Man wasche den Blumenkohl, zerteile ihn in Röschen und gebe diese in sprudelnd kochendes Salzwasser, in dem man sie etwa 3 Minuten lang blanchiere. Anschließend gebe man den Kohl in ein Sieb, schrecke ihn mit kaltem Wasser ab und lasse ihn abtropfen. Nun presse man den Knoblauch durch eine Presse, hacke das Basilikum fein und streife die Thymianblätter ab. Den Knoblauch, das Basilikum und den Thymian vermische man mit dem Olivenöl und dem Parmesan und gebe 1/2 Teelöffel Salz und Pfeffer nach Geschmack dazu. Die Tomaten häute man, indem man sie mit einem scharfen Messer einritze, mit kochendem Wasser übergieße und anschließend die Haut abziehe. Nun würfele man sie fein. Die gekochten Blumenkohlröschen und die Tomaten schichte man abwechselnd in einer feuerfesten Form, verteile anschließend die Kräuter-Parmesan-Knoblauch-Paste darüber und streue außerdem die Sonnenblumenkerne darauf. Die Form gebe man in einen auf 180 Grad Celsius Umluft vorgeheizten Backofen und gare den Blumenkohl etwa 45 Minuten lang.

Kalifatische Rosenkohlregel

Im Kalifat gilt Vielfalt. Toleranz gegenüber Andersartigkeit. Akzeptanz anderer Meinungen und anderer Geschmäcker. Nicht hingenommen wird Extremismus jedweder Art. Bewegt sich eine Ansicht innerhalb des demokratischen Spektrums, sollte sie auf jeden Fall angehört werden. Man sollte versuchen, sich in die Rolle des anderen hineinzuversetzen und seine Sichtweise nachzuvollziehen. Man muss die Meinung des anderen am Ende dann natürlich nicht teilen, aber sollte wenigstens versucht haben, sie zu verstehen.

Das gilt auch für Essen.

Bevor man eine Speise ablehnt, sollte man sie wenigstens probiert haben. Mundet sie dann wirklich nicht, muss man sie natürlich nicht essen. Niemand wird gezwungen, etwas zu essen, das er oder sie nicht mag. Aber wenigstens probieren sollte man es einmal. Und man sollte einmal abgelehntem Essen nach einem Jahr durchaus wieder eine Chance geben, denn so manches schmeckt beim zweiten oder dritten oder vierten Mal sehr wohl.

Das ist die berühmte kalifatische Rosenkohlregel: Lehnt keine fremde Meinung rundheraus ab, sondern schenkt ihr erst einmal Gehör – und lehnt keine Speise rundheraus ab, sondern probiert sie erst einmal. Und von Zeit zu Zeit überprüft eure Meinung und euren Geschmack! Gebt allem eine zweite, dritte et cetera Chance! Das gilt vor allem und zuvörderst für Rosenkohl.

Denn Rosenkohl spaltet die kalifatische Bevölkerung in Rosenkohliter, ein besonders kalifentreues Volk, und in Teuflinger, die sagen: »In der Not frisst der Teufel Rosenkohl!« Ihnen aber sagt der Kalif: Probiert Rosenkohl immer wieder in regelmäßigen zeitlichen Abständen! Gebt ihm immer wieder eine neue Chance! Denn nichts geht über Rosenkohl!* Hier ein schnelles, deliziöses** Gericht.

Zutaten

- *800 Gramm Rosenkohl (im Wiener Kalifat sagt man übrigens Kohlsprossen)*
- *150 Gramm Schinken*
- *1 rote Zwiebel*
- *2 Knoblauchzehen*

* Abgesehen von Blumenkohl. Und Grünkohl.

** An dieser Stelle sei noch einmal angemerkt, dass wir im Kalifat nicht »lecker« sagen. Essen kann deliziös, schmackhaft, hervorragend, sehr gut, toll, Wahnsinn, irre, köstlich sein oder einfach nur munden, aber es ist nie, nie, nie »lecker«! Das ist der sprachliche Einfluss des Wiener Kalifats.

- *2 Esslöffel Olivenöl*
- *1 Esslöffel Honig*
- *1 Teelöffel Chiliflakes*
- *1 Teelöffel Paprikapulver edelsüß*
- *1 Teelöffel Salz*
- *100 Gramm Parmesam*
- *Pfeffer nach Geschmack*

Zubereitung

Man wasche den Rosenkohl, schneide den Strunk ab, entferne eventuell die äußersten Blätter und halbiere die Kugeln. Diese gebe man nun in eine große Schüssel. Zwiebel, Knoblauch und Schinken fein schneiden und zum Rosenkohl geben. Ebenso Olivenöl, Honig, Chiliflocken, Paprikapulver, Salz und ein wenig Pfeffer hinzufügen. Mit den Händen oder auch mit einem Kochlöffel gut vermengen, sodass der Rosenkohl von der Marinade benetzt ist. Nun den Backofen auf 200 Grad Celsius Ober-/Unterhitze vorwärmen. Rosenkohl auf ein mit Backpapier belegtes Backblech geben, gut verteilen. Den Parmesan gleichmäßig über den Rosenkohl reiben. Nun etwa 12 bis 15 Minuten backen. Super als Hauptgericht, als Beilage, als Snack zum Vormittag oder zum Nachmittag oder um Mitternacht.

Grünkohl, das Curry des Nordens

Der Dritte im Dreibund des Kohls ist der Grünkohl, der gleichzeitig zur heiligen Dreifaltigkeit Karfioliens gehört. Diese bilden, wir erinnern uns: Grünkohl und Curry und Punschkrapfen. Jeder Kalifatling muss in der Lage sein, diese drei Speisen zuzubereiten.

Der Kalif spricht: Grünkohl ist das Curry des Nordens, das grüne Gold der nordkalifatischen Tiefebene, das Lebenselixier des wortkargen Nordmenschen. Ein Essen, das wie fast jedes Curry am nächsten Tag, aufgewärmt, fast noch besser mundet als am Tag der Zubereitung! Man mag nun darüber streiten, ob man frischen Grünkohl, tiefgefrorenen Grünkohl, Grünkohl aus dem Glas oder Grünkohl aus der Dose verwende. In der kalifatischen Hofküche wird Unterschiedliches verarbeitet, meist jedoch Grünkohl aus der Dose.

Zutaten

- *800 Gramm Grünkohl aus der Dose*
- *ein wenig Butter oder Gänseschmalz*
- *1 Zwiebel*
- *1 Teelöffel mittelscharfer Senf*
- *1 Tasse Gemüsebrühe*
- *1 Teelöffel Salz (oder mehr oder weniger, je nach Geschmack)*
- *1 Esslöffel Haferflocken*
- *Kohlwürste*
- *Pinkel (das sind bestimmte Würste, es gibt Fleischpinkel und Grützpinkel – ausprobieren, zu erhalten vor allem im Fachhandel des Nordkalifats)*
- *Kassler (gibt es im Wiener Kalifat nicht, Gselchtes kommt ihm vielleicht am nächsten, aber in Wahrheit ist auch das etwas anderes)*

Zubereitung

Man brate die grob gehackte Zwiebel in einem großen Topf in Butter oder Gänseschmalz an, bis sie leicht bräunlich ist. Dann gebe man den Grünkohl hinzu und koche ihn bei hoher Flamme 10 Minuten, rühre dabei aber immer wieder um, damit nichts anbrenne. Anschließend füge man Senf, Salz und Brühe hinzu und verrühre alles. Man gebe die Kohlwürste und die Pinkel in den Topf und bedecke sie mit ein wenig Grünkohl. Das Ganze lasse man bei niedriger Hitze und mit geschlossenem Deckel 1 Stunde vor sich hin schmoren. Von Zeit zu Zeit rühre man vorsichtig um. Die Würste sollten immer mit Kohl bedeckt sein, damit sie nicht trocken werden. Nach der Stunde nehme man die Würste aus dem Topf, gebe das Kassler in den Grünkohl und gare es in gleicher Weise etwa 20 Minuten lang, ebenfalls bei kleiner Flamme und geschlossenem Topfdeckel. Anschließend nehme man auch das Kassler aus dem Topf und füge die Haferflocken hinzu, um Flüssigkeit zu binden und dem Grünkohl eine schöne, sämige Konsistenz zu geben. Hierzu immer wieder rühren und ein paar Minuten köcheln lassen. Zum Schluss gebe man Würste und Kassler wieder in den Topf und lasse alles noch einmal kurz heiß werden.

Während man Curry mit Reis und/oder Fladenbrot isst, genieße man Grünkohl mit Kartoffeln. Hierzu bereite, wer es leicht haben will, Salzkartoffeln: Kartoffeln waschen und schälen, bei sehr großen Knollen halbieren oder vierteln, Augen und dunkle Stellen herausschneiden. Die Kartoffeln in einen großen Topf mit kaltem Wasser geben und bei starker Hitze zum Kochen bringen. Salz nach Geschmack hinzugeben. Die Knollen sollten komplett vom Wasser bedeckt sein. Sobald das Wasser siedet, Herd auf mittlere Hitze reduzieren. Je nach Größe der Kartoffeln etwa 20 Minuten lang kochen. Zum Prüfen, ob sie fertig sind, mit einer Gabel hineinstechen - ist die Kartoffel so weich, dass sie von alleine von der Gabel fällt, ist sie gar. Nach dem Kochen Wasser abgießen, Kartoffeln ausdampfen lassen, servieren.

Viel besser als Salzkartoffeln passen zu Grünkohl karamellisierte Kartoffeln. Hierzu koche man die Kartoffeln

20 Minuten mit Schale, ziehe diese anschließend ab und brate die Kartoffeln in einer Pfanne mit etwas Butter oder Öl. Nach einer Zeit gebe man, je nach Kartoffelmenge, 1 bis 2 Esslöffel Zucker darüber, rühre und brate weiter, bis der Zucker karamellisiert und den Kartoffeln zum güldenen Mäntelchen wird. Die Süße dieser Kartoffeln, gepaart mit der Herzhaftigkeit des Grünkohls – köstlich!

Vorwort zum Curry

Kommen wir zum Curry, dem Gericht des südlichen Himmels. Zunächst einmal gilt: Wer Curry kochen möchte, sollte wissen, dass Knoblauch kein Gewürz, sondern ein Gemüse ist. Für manche Gerichte mag es sinnvoll erscheinen, den Topf, in dem gekocht oder geschmort oder gebraten wird, mit einer Knoblauchzehe auszureiben, um den Hauch von Knoblauch dabeizuhaben. Bei einem Curry ist das lächerlich. Hier gilt für Knoblauch: Viel hilft viel!

Für fast alle Currys kann man sich merken: Knoblauch und Ingwer gehören zusammen! Wie Ernie und Bert, Marianne und Michael, Dick und Doof, Siegfried und Roy, Plisch und Plum, Max und Moritz, Waldorf und Statler … (»Ist gut, Kalif. Du hast deinen Punkt gemacht!«, wirft der Harem ein.)

Zusammen entfalten sie ein göttliches Aroma.

Curry, das Gericht des südlichen Himmels

Göttlich ist das Curry in all seinen Erscheinungsformen. Wir werden diverse präsentieren. Beginnen wir mit dem Klassiker.

Zutaten

- *750 Gramm Hühnergeschnetzeltes*
- *3 bis 4 Esslöffel Ghee (geklärte Butter), Sonnenblumenöl geht aber auch*
- *1/2 Teelöffel Kreuzkümmel*
- *1/2 Teelöffel schwarze Senfsamen*
- *1 große Zwiebel (oder 2 bis 3 kleinere)*
- *ein etwa daumengroßes Stück frischer Ingwer*
- *4 bis 6 Knoblauchzehen*
- *4 Tomaten*
- *1 Esslöffel Tomatenmark*
- *2 Teelöffel Currypulver (es gibt verschiedene Mischungen, die sich im Geschmack, aber auch im Schärfegrad unterscheiden – ausprobieren!)*

- *1 Teelöffel Garam Masala (Gewürzmischung, die es in vielen Varianten gibt; in Südasien hat jeder Haushalt seine eigene Version; man kann sie im Asia-Shop und, Alhamdulillah, in immer mehr Supermärkten kaufen)*
- *1 bis 2 Teelöffel Korianderpulver (das sind die gemahlenen Samen)*
- *1 Teelöffel Paprikapulver edelsüß*
- *je nach Schärfewunsch bis zu 1 Teelöffel Chilipulver oder Cayennepfeffer (kann natürlich weggelassen werden, wenn man es mild mag oder wenn im Currypulver schon genügend Schärfe enthalten ist)*
- *1/2 Teelöffel Kurkumapulver*
- *1 bis 2 Teelöffel Salz*
- *Pfeffer nach Belieben*
- *1 Teelöffel Erdnussbutter*
- *1 gehäufter Esslöffel Joghurt*
- *1 Bund frischer Koriander*

Zubereitung

Man erhitze auf mittlerer Stufe Ghee oder Öl in einem großen Topf, gebe die Kümmel- und die Senfsamen ins heiße Fett und lasse sie etwa 10 Sekunden brutzeln. Das knistert ganz wunderbar, aber Achtung: Nicht zu lange braten lassen, sonst wird alles bitter! Nach 10 Sekunden also gebe man die gehackte Zwiebel dazu und dünste sie unter Rühren, bis die Zwiebelstückchen braun werden. Das kann durchaus 6, 7, ja sogar 10 Minuten dauern!

Zeit ist die wichtigste Zutat, dazu später mehr! Das gilt auch hier. Keine Abkürzungen!

Die Knoblauchzehen und den Ingwer zerstampfe man in einem Mörser und gebe die so entstandene Paste zu den Zwiebeln, brate das Ganze noch einmal ein paar Minuten.

Nun mische man in einer Tasse oder in einem Schälchen Currypulver, Garam Masala, Korianderpulver, Paprikapulver, Chili oder Cayennepfeffer sowie Kurkuma und gebe diese Gewürzmischung in den Topf mit den Zwiebeln, dem Knoblauch und dem Ingwer, verrühre alles und schütte sofort eine halbe Tasse lauwarmes Wasser hinterher, rühre weiter, bis das Wasser zum großen Teil verdampft ist und sich Löcher in der Gewürzmischung bilden. Anschließend gebe man das Tomatenmark hinzu und brate es ein paar Sekunden mit der Gewürzmischung.

Jetzt wird es Zeit für das Hühnchen. Man gebe also das Geschnetzelte in den Topf, verrühre es mit allen Zutaten darin, bis das gesamte Fleisch mit der Gewürzmischung in Berührung gekommen ist. Man brate es weiter, bis es von allen Seiten Farbe angenommen hat und nicht mehr rosa ist. Sobald das der Fall ist, gebe man 1 bis 2 Teelöffel Salz hinzu (lieber zu wenig als zu viel, nachsalzen kann

man später immer noch), pfeffere alles ordentlich und gebe nun die klein geschnittenen, möglichst sehr reifen Tomaten in den Topf. Man verrühre alles miteinander und lasse es bei geschlossenem Deckel und mittlerer Hitze kochen. Insgesamt muss das Curry ab jetzt 20 Minuten kochen, dann ist das Fleisch gar. Alle paar Minuten rühre man um, es soll nichts am Topfboden festbrennen. Die Gewürze, die möglicherweise am Boden klebten, sollten sich nach und nach lösen (dauert aber ein paar Minuten).

Nach den ersten 10 Minuten gebe man die Erdnussbutter hinzu und verrühre alles wieder. Nach weiteren 5 Minuten füge man den Joghurt hinzu. Je nach Saftigkeit der Tomaten kann man ein wenig Wasser in den Topf geben oder ein paar Minuten ohne Deckel kochen, damit Flüssigkeit verdampft. Am Ende soll die Currysauce die gewünschte Konsistenz haben – manche mögen's dicker, andere dünner. Zum Schluss gebe man den klein gehackten Koriander hinzu, lasse alles noch 1, 2 Minuten köcheln, und fertig ist das kalifatische Curry! Himmlisch! Der Duft hat längst die Küche oder sogar die ganze Wohnung eingenommen! Zu dem Curry reiche man frisch gekochten Basmatireis und Fladenbrot, zum Beispiel Chapatis. Wie man vernünftig Reis kocht und genießbare Chapatis macht, dazu später die Rezepte!

Was das Curry angeht, so ist das nicht ein Gericht, sondern ein Universum von Gerichten! Man möge experimentieren! Man möge Mandeln hinzufügen, das eine oder andere Gewürz weglassen oder ergänzen, Bockshornkleesamen zum Beispiel oder die getrockneten Blü-

ten von Muskatnuss, man möge Sesam dazunehmen, man verwende zusätzlich oder als Ersatz für das Fleisch Gemüse, Paprika zum Beispiel und Karotten und Kartoffeln und Blumenkohl, man ersetze Fleisch durch Paneer, einen südasiatischen Käse, man verwende einen Schuss Sahne oder Crème fraîche oder Kokosmilch oder gebe Dörrpflaumen hinzu oder süße Mangostücke oder Aprikosen oder Spinat. Der Fantasie sind kaum Grenzen gesetzt. Man lese einschlägige Literatur und befrage Profis. Der Kalif wünscht seinen Kalifatlingen eine gute Reise und viel Vergnügen in der Welt des Currys.

Hohelied des Currys

Wenn ich mit Menschen- und mit Engelszungen schmeckte und hätte das Curry nicht, so wäre ich ein mampfender Knilch oder ein schmatzender Lümmel. Und wenn ich prophetisch kochen könnte und wüsste alle Geheimnisse und kennte alle Erkenntnisse der feinen Küche und hätte allen Glauben, sodass ich Berge versetzen könnte, und hätte das Curry nicht, so wäre ich nichts. Und wenn ich all meine Speisen den Armen gäbe und ließe meinen Leib verbrennen und hätte das Curry nicht, so wäre mir's nichts nütze.

Das Curry ist schmackhaft und gesund, das Curry langweilt nicht, das Curry gibt Abwechslung in seinen tausend Formen, es nährt und gibt Kraft, es bläht nicht auf, es verhält sich nicht ungehörig, es verdirbt nicht so schnell, sondern ist unter verschiedenen Bedingungen haltbar, es rechnet das Böse nicht zu, es freut sich nicht über Ungerechtigkeit, es freut sich aber an der Wahrheit; es verzeiht, wenn mal das eine oder andere Gewürz nicht vorhanden ist; es erträgt viel, es glaubt alles, es hofft alles, es duldet das meiste.

Das Curry hört niemals auf, wo doch das prophetische Kochen aufhören wird und das Sternekochen aufhören wird und die Erkenntnis aufhören wird. Denn unser Wissen ist Stückwerk und unser prophetisches Kochen ist Stückwerk. Wenn aber kommen wird das Vollkommene, so wird das Stückwerk aufhören.

Als ich ein Kind war, da aß ich wie ein Kind und kochte wie ein Kind und war klug wie ein Kind; als ich aber ein Mann wurde, tat ich ab, was kindlich war. Wir sehen jetzt durch einen Spiegel ein dunkles Bild; dann aber von Angesicht zu Angesicht. Jetzt erkenne ich stückweise; dann aber werde ich erkennen, wie ich erkannt bin.

Nun aber bleiben Grünkohl, Punschkrapfen, Curry, diese drei; aber das Curry ist das größte unter ihnen.

Strebt nach dem Curry! Bemüht euch um die Gaben des Geistes, am meisten aber um die Gabe des prophetischen Kochens! Denn wer in Zungen schmecket, der schmecket nicht für Menschen, sondern für Gott.

Kindercurry/Kalifatsfaschiertes

Kindercurry ist kein Kindercurry, weil Kinder im Curry sind, sondern weil Kinder dieses Curry besonders mögen. In Wahrheit ist es gar kein Curry, sondern Keema, wie man gewürztes Hackfleisch in Südasien nennt. Im Wiener Kalifat sagt man zu Hackfleisch übrigens Faschiertes, weshalb dieses Gericht auch Kalifatsfaschiertes heißt. Im Kalifat hat man festgestellt: Vor allem kleine Kalifatlinge lieben dieses Essen. Man kann es mit Reis oder Fladenbrot servieren, es in Tortillas einwickeln oder in Blätterteigtaschen füllen. Oder es zur Not sogar mit Nudeln essen.

Zutaten

- *500 Gramm Rinderhack (im Wiener Kalifat Rinderfaschiertes)*
- *1 Zwiebel*
- *3 bis 6 Knoblauchzehen*
- *1 Stück frischer Ingwer*
- *2 Tomaten (und zusätzlich 1 bis 2 Löffel gehackte*

Tomaten aus der Dose, wenn die frischen Tomaten nicht allzu aromatisch sind)

- 1 Teelöffel Paprika edelsüß
- 1 Teelöffel Chilipulver, wenn es scharf werden darf
- 1/2 Teelöffel Kurkumapulver
- 1 Teelöffel Koriander
- 1 Teelöffel Currypulver
- frischer Koriander, gehackt, nach Geschmack
- frische Minze, gehackt, nach Geschmack
- 1 Teelöffel getrocknete Bockshornkleeblätter
- Öl oder Ghee zum Braten

Zubereitung

Man hacke die Zwiebel fein und brate sie in wenig Öl oder Ghee in einem Topf, bis sie goldbraun ist. In dieser Zeit zerstampfe man Knoblauch und Ingwer in einem Mörser oder püriere sie in einem Mixer. Sobald die Zwiebeln Farbe angenommen haben, gebe man das Hackfleisch in den Topf und brate es etwa 2 Minuten lang unter Rühren an. Nun füge man die Ingwer-Knoblauch-Paste hinzu und brate sie weitere 2 Minuten mit. Man mische in einer kleinen Schale Paprikapulver, Chili, Kurkuma, Korianderpulver und Currypulver und gebe sie in den Kochtopf, verrühre alles gut und lasse es 5 bis 7 Minuten lang kochen. Danach gebe man die klein gehackten Tomaten – und eventuell einige Tomaten aus der Dose – dazu, rühre wieder gründlich durch und lasse alles 15 Minuten bei niedriger Hitze köcheln, bis die Flüssigkeit verdampft ist. Nun addiere man die gehackten Korianderblätter, die Minze und die getrockneten Bockshornkleeblätter und lasse alles weitere 2 Minuten lang kochen. Fertig.

Bei diesem Gericht kann man mit großen Erfolgsaussichten experimentieren. So kann man, nachdem man das Hackfleisch kurz angebraten hat, eine in Scheiben geschnittene Karotte dazugeben oder Erbsen oder Paprikastücke. Gemüse schadet ja nie.

Arbeitercurry

Bei seinen Reisen durch Südasien in seiner Jugend lernte der Kalif, dass die Menschen dort sehr gerne Kichererbsencurry essen. Es ist ein vegetarisches Gericht, das man, wenn man Ghee, also geklärte Butter, durch Pflanzenöl ersetzt, auch vegan zubereiten kann. Seit seiner Jugend liebt der Kalif dieses Gericht, das nahrhaft ist und stärkt – und das sehr viele Menschen in Südasien in *tiffin tins*, auch Henkelmann genannten Blechbehältern, zur Arbeit mitnehmen. Es schmeckt, wie alle Currys, mit Reis und/oder Fladenbrot.

Zutaten

- *1 Dose Kichererbsen (400 Gramm)*
- *1 daumengroßes Stück frischer Ingwer*
- *2, nein, 3, nein, 6 Knoblauchzehen*
- *1 Chilischote, rot oder grün*
- *1 bis 2 Zwiebeln*
- *1 Dose gehackte Tomaten (400 Gramm)*
- *1 Esslöffel Tomatenmark*
- *2 Teelöffel Garam Masala*
- *1 Teelöffel gemahlener Kreuzkümmel*
- *1 Teelöffel Paprikapulver edelsüß*
- *1/4 Teelöffel Kurkuma*
- *1 Teelöffel Salz*
- *1/2 Tasse Wasser*
- *2 Esslöffel Ghee oder pflanzliches Öl*

Zubereitung

Man öffne die Dose mit Kichererbsen, spüle sie gründlich in einem Sieb ab und lasse sie abtropfen. In der Hofküche des Kalifen werden gelegentlich auch getrocknete Kichererbsen verwendet; diese werden über Nacht in Wasser eingeweicht und dann eine halbe Stunde in reichlich Wasser, in das ein Teelöffel Natron gerührt wurde, gekocht; aber ganz ehrlich: Kichererbsen aus der Dose schmecken genauso gut und machen das Leben einfacher.

Nun hacke man also Zwiebeln, Knoblauch, Ingwer und Chilischote fein und brate sie in einem Topf mit dem Öl – oder Ghee – an. Sobald die Zwiebeln etwas Bräune an-

genommen haben, gebe man die Tomaten aus der Dose, das Tomatenmark, die Gewürze und die abgetropften Kichererbsen in den Topf, vermenge alles gut miteinander und lasse es 20 Minuten bei niedriger Hitze köcheln. Wer es scharf mag, gebe außerdem einen halben Teelöffel Chilipulver mit hinein. Zwischendurch immer wieder umrühren und nach Geschmack salzen. Wenn das Curry zu dick sein sollte, etwas Wasser – bis zu einer halben Tasse etwa – hinzugeben und wieder verrühren. Fertig! Wie gesagt: Auch das Arbeitercurry schmeckt wunderbar mit Basmatireis und Chapatis.

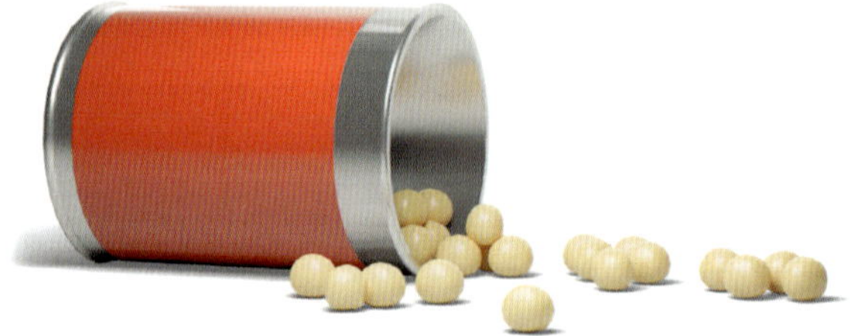

Chapati

Zwei Dinge eignen sich bei einem Curry als Beilage – man kann entweder beide servieren oder eine davon: Fladenbrot und Reis.

In manchen Familien wird mit Vorliebe die eine Beilage gereicht, in anderen die andere. Es gibt auch regionale Vorlieben. Im Kalifat schätzt man beides gleichermaßen, nur: Egal ob Fladenbrot – von dem es Dutzende Sorten gibt – oder Reis – der einzig wahre Reis ist Basmati –, sie müssen perfekt zubereitet sein.

In den ehemaligen Ländern Deutschland und Österreich, die den Kern des heutigen Kalifenreichs bilden, kennt man vor allem Naan, ein etwas dickeres, fluffigeres Fladenbrot, das Hefe enthält. (Manche sagen auch »Naan-Brot«, aber »Naan« heißt »Brot«, »Naan-Brot« ist also »Brot-Brot«. So wie manche auch »Nashi-Birne« sagen, wo doch »Nashi« in Japan »Birne« heißt, »Nashi-Birne« mithin »Birne-Birne«. Oder »Chai-Tee« – »Chai« heißt »Tee«, »Chai-Tee« ist also »Tee-Tee«.)

Wir konzentrieren uns auf das einfachste, aber mindestens ebenso köstliche, am weitesten verbreitete Fladenbrot:

Roti oder Chapati. Einfacher kann man kein Brot backen, und in Einfachheit liegt oft Schönheit.

Zutaten für 8 Stück

- *200 Gramm Vollkornweizenmehl*
- *100 bis 120 Milliliter lauwarmes Wasser*
- *3 Esslöffel Raps- oder Sonnenblumenöl*
- *1 gestrichener Teelöffel Salz*

Zubereitung

Man vermenge Mehl, Salz und Öl mit 100 Milliliter Wasser. Man verknete alles, bis ein glatter, geschmeidiger Teig entstanden ist. Ist er zu trocken, gebe man noch etwas Wasser hinzu. Man knete 10 Minuten lang mit den Händen. Anschließend reibe man die Teigkugel mit etwas Öl ein, decke die Schüssel mit einem Tuch ab und lasse den Teig 1 Stunde lang im Kühlschrank ruhen.

Nach dem Rasten teile man den Teig in 8 Kugeln und rolle sie auf einer bemehlten Arbeitsfläche zu dünnen Fladen aus, mit etwa 15 Zentimetern Durchmesser. Man erhitze eine beschichtete Pfanne oder, noch besser, eine gusseiserne Pfanne auf mittlerer Stufe 5 Minuten lang, bis sie richtig heiß ist. In dieser Pfanne backe man Fladen für Fladen von beiden Seiten goldbraun: zuerst eine Seite etwa 30 Sekunden, dann die andere Seite 30 Sekunden, dann noch einmal jede Seite, bis sich braune Stellen bilden. Öl ist zum Backen nicht notwendig. Während des

Backens drücke man die Fladen mit einem Pfannenwender. Bilden sich hier und da Blasen – hervorragend! Wenn nicht – auch nicht schlimm!

Die Fladenbrote, Roti oder Chapati genannt, sind fertig! Man serviere sie sofort zum Curry oder wickle sie in ein Küchentuch, um sie warm zu halten. Der Kalif schätzt es, seine Rotis/Chapatis mit Ghee zu bestreichen, im Harem trifft dieses Vorgehen eher auf geteilte Meinung. Curry isst man mit den Händen: Dazu reißt man ein Stück vom Fladenbrot ab, traditionell nur mit einer, nämlich der rechten Hand, das erfordert ein bisschen Übung, formt daraus ein kleines Tütchen, nimmt damit das Curry auf und schiebt es sich in den Mund. Curry isst man nicht mit Messer, Gabel oder Löffel, sondern mit den Fingern! Formt man keine Tütchen aus Chapatistücken, formt man eben Bällchen aus Curry und Reis! Und nein, das ist nicht rückständig und unkultiviert, sondern das ist Curry-Hochkultur, ohne primitive Hilfswerkzeuge wie Gabel, Löffel, Messer!

Übrigens kann man die Hälfte des Vollkornweizenmehls auch durch Dinkelmehl ersetzen. Und es gibt sogar spezielles Chapatimehl, das man im Kalifat in Südasienshops und Asiamärkten sowie in gut sortierten Supermärkten bekommt. Dieses Mehl besteht aus einer Mischung aus Weizen, Gerste und Hirse und ist besonders gut geeignet für dieses köstliche Fladenbrot. Man möge einfach ausprobieren und experimentieren und das beste Mehl für sich finden. Wie immer gilt: Es gibt keine Sofortgeling-Garantie, und die Welt funktioniert nicht so einfach wie ein Youtube-Video. Sondern: Übung macht den Meister und die Meisterin!

Eine kleine Reiskunde

Reis ist in vielen Teilen der Welt Grundnahrungsmittel – so auch im Kalifat. Das, was hierzulande früher die Kartoffel war, ist heute der Reis! Es gibt weltweit mehr als hunderttausend Reissorten. In der kalifatischen Hofküche verwendet man als Beilage zum Curry ausschließlich Basmati (nicht zu verwechseln mit den Basmatschi, Aufständischen in Zentralasien, die sich 1916 gegen die allgemeine Mobilmachung im Ersten Weltkrieg erhoben), von dem es 15 ursprüngliche Sorten gibt. Diese wurden von indischen und pakistanischen Behörden im »Code of Practice on Basmati« definiert, und das Kalifat übernimmt diese Regelungen eins zu eins. Verwendbar sind alle darin verzeichneten Sorten, egal ob Kernel Basmati, Super Basmati, Pusa Basmati, Taraori Basmati, Ranbir Basmati, Basmati 386 (»Danke, Kalif«, seufzt der Harem und verdreht die Augen) oder wie sie auch immer heißen. Basmati-Reis ist ein Langkornreis und hat eine Länge von mindestens 6,5 Millimeter. Bereits ungekocht hat dieser Reis einen besonderen, charakteristischen Duft. Gekocht erst – himmlisch!

Das weiße Glück

Menschen im Staatsgebiet des Kalifats haben offensichtlich Hemmungen, Reis zu kochen. Weil sie sehr oft schlechte Erfahrungen gemacht haben. Mal ist er noch hart, also nicht richtig gar, mal am Boden des Topfes angebrannt, dann wieder viel zu feucht, geradezu klebrig, am Hofe des Kalifen sagt man: klietschig oder klitschig, also mit langem oder kurzem I, geht beides.

Dabei gibt es beim Reiskochen sehr wohl eine Sofortgeling-Garantie. Wirklich! Hier das Rezept für hervorragenden Reis!

Zutaten

- *1 Tasse Reis (genügt für etwa 2 Portionen als Beilage zum Curry) – Kalifatlinge, erhört den Kalifen: unbedingt Basmati!*
- *1 1/2 Tassen Wasser*
- *1 Prise Salz (eine Prise ist die Menge, die zwischen Zeigefinger und Daumen passt)*

Zubereitung

*Man gebe den Reis in eine mikrowellentaugliche Glasschüssel und wasche ihn darin, indem man ihn zunächst mit Wasser bedecke und mit der Hand durchrühre. Wenn das Wasser nach etwa einer Minute trüb ist, gieße man die Flüssigkeit vorsichtig ab. Bei sehr starker Eintrübung wasche man den Reis ein zweites Mal. Nun gebe man 1 1/2 Tassen Wasser zu dem feuchten Reis, füge eine Prise Salz - oder auch einen halben Teelöffel - hinzu, verschließe die Schüssel mit einem Glasdeckel und gebe das Ganze in die Mikrowelle. Man koche den Reis nun zuerst 6 Minuten bei 800 Watt und anschließend 12 Minuten bei 150 Watt. Fertig!**

Aber Achtung, sehr heiß! Man hole die Schüssel mit Topflappen aus der Mikrowelle. Aufpassen beim Öffnen des Deckels, der Wasserdampf kann zu Verbrennungen führen! Doch was für ein Duft!

Wenn der Leibkoch Lust hat, gibt er vor dem Kochen zwei, drei Gewürznelken in den Reis. Oder zwei, drei Lorbeerblätter. Oder ein paar Safranfäden. Die Gewürznelken und die Lorbeerblätter sind nach dem Kochen zu entfernen. All diese Gewürze geben noch ein zusätzliches

* Sollten die Wattzahlen nicht genau so einstellbar sein, einfach ein wenig herumexperimentieren! Zum Beispiel dann eben 6 Minuten bei 750 Watt und vielleicht 10 Minuten bei 450 Watt. Der Kalif hat es in unterschiedlichen Mikrowellengeräten probiert und herausgefunden: Man hat es schnell raus, und dann geht es sich wunderbar aus!

Aroma, sind aber, da Basmati-Reis schon so sehr aromatisch ist, nicht unbedingt nötig.

Wer mehr Reis kochen möchte, nehme zwei Tassen Reis und drei Tassen Wasser. Immer die eineinhalbfache Menge Wasser in Relation zum Reis. Die Kochzeit verlängert sich dadurch nur minimal: wieder 6 Minuten bei 800 Watt, dann aber 13 Minuten bei 150 Watt.

Kalifatlinge, die das Reiskochen auf diese Weise gelernt haben, kochen fortan Reis nie wieder anders.

Daal, aber dalli!

Linsencurry ist ein Beispiel dafür, wie man mit ein wenig Expertise aus einfachen, preiswerten Zutaten ein köstliches Mahl bereiten kann. Daal, wie Linsencurry in Südasien und im Kalifat genannt wird, ist äußerst schmackhaft, nahrhaft, »Soulfood«, wie man neudeutsch sagt. Das hier vom Kalifen präsentierte Rezept beschreibt Hollern-Twielenflether Daal, weil er das in seiner Kindheit in Hollern-Twielenfleth häufig gegessen hat.

Zutaten

- *250 Gramm rote Linsen*
- *1 Zwiebel*
- *3, besser: 6 Knoblauchzehen*
- *1 Teelöffel Garam Masala*
- *1 Esslöffel Kurkuma*
- *1 daumengroßes Stück frischer Ingwer*
- *1/2 Teelöffel Chilipulver, je nach gewünschtem Schärfegrad*

- 1 Teelöffel Kreuzkümmel (Körner oder gemahlen)
- 2 Esslöffel Pflanzenöl oder Ghee
- etwa 200 Milliliter Wasser
- 1 Teelöffel Salz

Zubereitung

Man wasche die Linsen in einer Schüssel mit Wasser oder spüle sie in einem Sieb, bis das Wasser klar bleibt. Dann lasse man sie mindestens 2 Stunden, besser über Nacht in Wasser einweichen. Das Wasser sollte die Linsen gut bedecken, denn sie saugen Wasser auf und sollten auch danach nicht auf dem Trockenen liegen. Besonders bekömmlich werden Hülsenfrüchte, wenn man zu dem Wasser fürs Einweichen einen Teelöffel Natron hinzugibt.

Man schneide Zwiebeln, Knoblauchzehen und Ingwer in kleine Stücke.

Nun erhitze man in einem Kochtopf Öl oder Ghee. In einem Schälchen mische man Garam Masala, Kurkuma, Kreuzkümmel und Chilipulver und gebe diese Gewürzmischung ins heiße Fett. Man brate die Mischung nur wenige Sekunden, sie darf nicht anbrennen, sonst wird das Curry bitter. Nach wenigen Sekunden also gebe man die kleingeschnittene Zwiebel dazu und dünste sie glasig. Anschließend gieße man das Einweichwasser von den Linsen ab, lasse sie gut abtropfen, gebe die feuchten, aufgequollenen Linsen in den Topf und füge 200 Milliliter Wasser hinzu. Alles gut durchrühren! Sobald das Ganze aufkocht, gebe man Knoblauch und Ingwer mit hinein.

Man lege den Topfdeckel auf und lasse alles 20 bis 25 Minuten kochen. Zwischendurch immer wieder umrühren. Die einst roten Linsen werden während des Kochens gelb. Die Konsistenz des Daals darf ganz nach Geschmack eher flüssig oder eher breiig sein. Wenn zu dickflüssig, etwas Wasser hinzugeben; wenn zu flüssig, ohne Deckel köcheln lassen, damit Flüssigkeit verdampfen kann. Am Ende ca. 1 Teelöffel Salz – nach Belieben mehr oder weniger – einrühren.

Während dies die Nord-Hollern-Twielenflether Art von Daal ist, kann man die 200 Milliliter Wasser durch 200 Milliliter Kokosmilch ersetzen – dann hat man Süd-Hollern-Twielenflether Daal.

Schmeckt mit Chapati und/oder Reis. Wohl bekomm's!

Hollern-Twielenflether Linsensuppe

Ganz ähnlich wie das Linsencurry ist die Linsensuppe, die der Kalif besonders schätzt und die mit einem Stück Weißbrot oder Baguette oder mit dem Profi-Himmelbett fürs Zwiebelmett* hervorragend mundet. Dazu passt, wie der Kalif findet, übrigens sehr gut ein fruchtiger Weißwein.

Zutaten

- *150 Gramm rote Linsen*
- *1 Zwiebel*
- *Chilipulver oder -flocken, je nach gewünschter Schärfe*
- *3, besser: 6 Knoblauchzehen*
- *ein daumengroßes Stück Ingwer*
- *1 Dose gehackte Tomaten (400 Gramm)*
- *ein Bund frischer Koriander*
- *400 Milliliter Kokosmilch*

* Bauanleitung weiter hinten.

- *600 Milliliter Wasser*
- *2 Esslöffel Pflanzenöl oder Ghee*
- *1 Limette oder 1/2 Zitrone*
- *Salz und Pfeffer nach Geschmack; der Leibkoch empfiehlt: 2 Teelöffel Salz, 1/2 Teelöffel frisch gemahlener Pfeffer*

Zubereitung

Man erhitze Öl oder Ghee in einem Topf, gebe die fein geschnittene Zwiebel ins heiße Fett und dünste sie 8 Minuten lang bei mittlerer Hitze, bis sie leicht braun geworden ist. Nun gebe man fein gehackten Knoblauch und fein gehackten Ingwer dazu, ebenso nach Geschmack Chili, und lasse sie 2 bis 3 Minuten mitdünsten. Anschließend befördere man die vorher gründlich gespülten, über Nacht eingeweichten, abgetropften Linsen (siehe Linsencurry), die Tomatenstücke aus der Dose und den kleingehackten Koriander in den Topf und verrühre alles gründlich. Nun gieße man das Wasser hinzu und salze und pfeffere nach Geschmack. Unter Rühren gieße man die Kokosmilch ein - Achtung: ein paar Esslöffel Kokosmilch zum Verzieren zurückbehalten! - und lasse das Ganze, ebenfalls unter Rühren, aufkochen. Bei niedriger Hitze koche man die Suppe nun mit geschlossenem Deckel 25 bis 30 Minuten, bis die Linsen gar sind. Die Suppe serviere man in Suppentellern oder Schalen, garniere sie mit Korianderblättern, verziere sie mit Kokosmilch und beträufele sie mit Limetten- oder Zitronensaft.

Mannomann, Menemen!

Lebensmittel sind die Lebensgrundlage des Menschen, sagt der Kalif. Ist Kochen mithin nicht der Inbegriff kulturellen Handelns? Aus etwas etwas machen. Aus wenig viel, aus etwas Gutem etwas Besseres, aus etwas Ungenießbarem etwas Genießbares machen. Kochen heißt: veredeln. Das sieht auch der Leibkoch so. Er versteht sich als Veredler: Eine – mitunter durchaus unspektakuläre – Zutat so zu bearbeiten, dass sie zum Star wird. Das ist das Ziel! Es geht nicht um Askese, nicht um Verzicht, sondern darum, jedem Lebensmittel größte Aufmerksamkeit zu schenken. Es gibt Spitzenköche, die können aus einer Karotte ein kulinarisches Kunstwerk zaubern. Oder aus einem Stück Sellerie.

Es geht aber auch ohne große Kochkenntnisse: Ein Stück frisches Brot, dazu ebenso frische Butter, ein wenig Salz – wunderbar! Was braucht man mehr? Oder Kartoffeln kochen, dazu einen Löffel Kräuterquark, eine Prise Salz – herrlich!

»Na, für ein gutes Frühstück, das Energie für den Tag gibt, sollte es schon a bisserl mehr sein«, sagt der Kalif. Und er beauftragt den Leibkoch, das beste Frühstück aller Zeiten zu bereiten aus möglichst wenigen und alltäglichen Zutaten.

Und dem Leibkoch fällt sofort etwas ein: Menemen! Einfach und doch raffiniert, nicht leicht, aber auch nicht zu schwer, herzhaft, aber nicht zu deftig – und am Ende ja doch irgendwie Rührei beziehungsweise Omelett. Nur viel besser. Menemen kann jeder machen!

Und deshalb gilt Menemen als Standardfrühstück im Kalifat.

Zutaten

- *4 Eier*
- *1 Zwiebel*
- *3 Paprika, am besten rot oder gelb*
- *3 große Fleischtomaten*
- *etwas Butter für die Pfanne*
- *Salz und Pfeffer nach Geschmack*
- *1/2 Teelöffel Paprikapulver edelsüß*
- *eine Prise Chilipulver oder, noch besser, Pul Biber (eine Mischung aus Pulver einer bestimmten Paprikasorte, Chili und Salz; gibt es im türkischen Laden, auch bekannt als »Döner-Gewürz«)*

Zubereitung

Zunächst entferne man die Haut von den Tomaten, indem man sie mit heißem Wasser überbrühe, mit kaltem Wasser abschrecke und nun die sich lösende Haut abziehe. Fruchtfleisch würfeln und in einer Schüssel beiseitestellen. Zwiebel in grobe Würfel schneiden, ebenso Paprika in grobe Stücke schneiden. Nun erhitze man in einer Pfanne die Butter und dünste darin die Zwiebel glasig. Anschließend gebe man die Paprikastücke hinzu und dünste diese ebenfalls unter Rühren. Nun füge man die Tomatenstücke hinzu und würze das Ganze mit Salz, Pfeffer, Paprikapulver und Chili beziehungsweise, besser, Pul Biber. Man lasse alles 3, 4 Minuten auf niedriger Flamme köcheln, bis der Tomatensaft ein bisschen reduziert ist – aber nicht ganz! Während dieser Zeit verquirle man die Eier in einer Schüssel. Nun gieße man die Eimasse in die Pfanne. Bei mittlerer Hitze belasse man die Pfanne nun auf dem Herd, rühre gelegentlich und warte, bis das Ei gestockt ist. Je nach Geschmack würze man nach.

Fertig ist das Menemen!

Menemen schmeckt am besten heiß, direkt aus der Pfanne. Man kann Menemen in einer großen Pfanne zubereiten und dann gemeinsam daraus essen oder mehrere kleinere Pfannen verwenden.

Dazu passt: Weißbrot.

Auch das Himmelbett fürs Zwiebelmett lässt sich ganz wunderbar zum Himmelbett fürs Menemen umwandeln. Stücke vom Brot abreißen, ins Menemen tunken, göttlich!*

Variante: *Zusammen mit dem Ei ein paar Brocken Fetakäse in die Pfanne geben und verrühren.*

Mannomann!

* Geduld nur, Geduld – Bauanleitung weiter hinten.

Schönheit des Essens

Schönheit ist Geschmackssache. Der einen gefällt dies, dem anderen jenes. Und doch fragen die Menschen den Kalifen: Was ist das schönste Essen, was die ästhetischste Speise, und wie kann man sie zubereiten?

Auf diese Frage möchte Seine Heiligkeit eine Antwort geben.

Kalifatling, nimm eine Zitrone zur Hand. Sie kam nun ja schon mehrfach vor, du merkst, möglicherweise handelt es sich um eine heilige Frucht, der Kalif jedenfalls schätzt sie. Halte sie ins Licht und betrachte sie eingehend. Schau dir dieses intensive Gelb an – als sei die Sonne selbst hineingedrungen. Diese wunderbare Oberflächenstruktur! Stich mit dem Fingernagel in die Schale, atme den Duft ein. Dieses betörende Aroma! Schneide die Zitrone in der Mitte durch und betrachte das unglaublich kunstvolle Muster. Wie schön kann etwas sein?

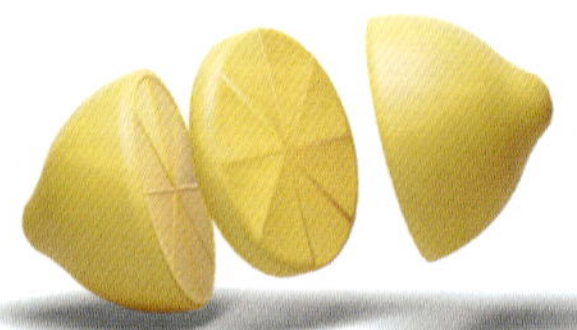

Man viertle die Zitrone mit einem scharfen Messer, nehme die Schnitze und beiße hinein! Sauer macht lustig, sagte man schon in vorkalifatischen

Zeiten, und dieser Spruch stimmt heute noch. Und wer es sauer nicht mag: Man nehme eine Orange! Eine süße, saftige, wunderbare Orange! Oder eine andere Zitrusfrucht!

Noch mehr Schönheit gefällig? Nimm ein Ei. Schau dir dieses wunderbare Ding an. Oval. Weiß. Oder beige. Oder bräunlich. Mal einfarbig, mal gesprenkelt. Diese zarte Hülle und doch so fest; so zerbrechlich und doch ein Panzer! Die Natur schützt, was ihr kostbar ist. So formvollendet! Diese feine, glatte Oberfläche! Was, wenn nicht das, ist Schönheit?

Eier-Zubereitung I (kalifatisch)

So schätzen sie der Kalif und sein Harem: Man nehme einen Kochtopf, fülle ihn mit lauwarmem Wasser und lege das Ei – oder die Eier – mit einem Esslöffel vorsichtig hinein. Die Eier sollten gänzlich im Wasser liegen. Nun erhitze man den Inhalt, bis das Wasser siedet. Dass man die Eier nicht erst ins siedende Wasser gibt, sondern schonend miterwärmt, hat den Vorteil, dass die Eier nicht zerplatzen, jedenfalls meistens nicht, und man sie auch nicht anstechen muss und sich mithin gegebenenfalls einen Eierstecher spart, so man denn der Auffassung ist, es bedürfe dieses Gerätes zum Durchlöchern der Eierschale. Sprudelt das Wasser, stelle man den Herd aus und belasse den Topf auf der heißen Platte. Die Eier sollen von diesem Moment an, also vom Beginn des Sprudelns und dem Abstellen der

Herdplatte, genau 5 Minuten im Wasser verbleiben und garen. Anschließend nehme man sie mit einem Löffel heraus und schrecke sie ab – nicht, indem man »Buh!« rufe, sondern indem man sie kurz unter fließendes kaltes Wasser halte oder auch in eine Schale mit kaltem Wasser lege.

Abschreckung, welch militaristische Sprache, mag nun ein neunmalkluger Kalifatling einwenden, und fürwahr, er hat recht! Und doch muss ein Ei abgeschreckt werden. Das Abschrecken, diese spezielle Technik der Kochkunst, dient in diesem Falle dreierlei: Erstens wird der Prozess des Garens verlangsamt, wenn nicht gar gestoppt (es beendet also einen Prozess, ganz anders übrigens als das Kaltduschen nach der heißen Dusche, das ja einen Prozess, nämlich den Kreislauf, erst richtig in Schwung bringt – interessant: Die gleiche Maßnahme hat zwei gegensätzliche Auswirkungen!); zweitens wird das Abschreckgut, in diesem Falle das Ei, abgekühlt, sodass man es besser anfassen kann; und drittens soll sich angeblich die Eierschale beim Pellen besser, weniger widerspenstig lösen. Hochkomplexe Forschungen in den Labors des Kalifen haben dies allerdings nicht bestätigen können, im Gegenteil: Die kalifatischen Eierforscher fanden heraus, dass die Schälbarkeit eines Eis einzig vom pH-Wert der Schalenhaut abhängig ist. In gründlicher Forschungsarbeit erfuhren sie, dass ein frisches Ei einen neutralen pH-Wert von sieben hat und sich eher schlecht abpellen lässt, während ein älteres Ei einen höheren pH-Wert hat, mithin basisch ist und sich deshalb leichter schälen lässt. Aber an alten Glaubenssätzen soll man nicht rütteln, also nehmen wir es einfach hin: Abschrecken fürs Abpellen!

Nun schätzt aber nicht jeder Kalifatling das Ei à la Kalifat, und daher gibt es unterschiedliche Garzeiten.

Eier-Zubereitung II (klassisch)

Man bringe einen Topf mit Wasser zum Kochen. Das Ei (oder die Eier) steche man mit einem Eierpikser, auch Eierpieker, Eidorn, Eierstecher, Eieranstecher, Eipicker oder Eierperforierer genannt, am stumpfen Ende an. Geübte Kalifatlinge können das auch mit einer Nadel oder einer Reißzwecke. Durch dieses kleine Loch kann nun sich ausdehnende Luft im heiß werdenden Eiinneren entweichen, das Ei platzt daher nicht. Jedenfalls lautet so die Theorie, in der Praxis platzt es manchmal doch. Man kann das Eianstechen also auch lassen. Wie dem auch sei, nun lege man das Ei mithilfe eines Löffels vorsichtig ins siedende Wasser und koche es darin 4 Minuten, wenn man ein geronnenes Eigelb, aber noch ziemlich flüssiges Eiweiß schätzt (dem Kalifen ist das unverständlich, aber wir leben ja in einem freien Kalifat), 5 Minuten, wenn das Eiweiß fest sein soll und das Eigelb noch einen weichen Kern, 7 Minuten, wenn Eigelb und Eiweiß fest sein sollen, das Eigelb aber noch einen cremigen Kern haben soll, 10 Minuten, wenn man ein komplett schnittfestes Ei haben möchte.

Beim Pellen des Eis hilft ein Eierschalensollbruchstellenverursacher. Wie der funktioniert, soll an dieser Stelle nicht erklärt werden, man schaue doch bitte in die Eierschalensollbruchstellenverursacherbedienungsanleitung oder wende sich an die jeweilige Eierschalensollbruchstellenverursacherherstellerserviceabteilung. Dazu rufe man einfach bei der Eierschalensollbruchstellenverursacherherstellerserviceabteilungshotline an, eine Eierschalensollbruchstellenverursacherherstellerserviceabteilungshotlinemitarbeiterin oder ein Eierschalensollbruchstellenverursacherherstellerserviceabteilungshotlinemitarbeiter … (»Ist gut jetzt!«, ruft der Harem.)

Gut, aber ein paar Worte zu diesem wundersamen Instrument seien noch erlaubt: Es gibt auch noch einen Eierköpfer mit Scherenmechanismus sowie einen Eierköpfer zum Zusammendrücken. In beiden Fällen legt man eine Art Ring über das Ei, und Klingen, mal zackige, mal runde, perforieren die Eierschale. Ein Ferdinand Fleischmann aus Mödling bei Wien, damals Österreich-Ungarn, heute Kalifat, hat am 16. Mai 1907 ein Patent angemeldet für den Eierköpfer mit zackigen Klingen und Scherenmechanismus.

Neben Automobilbau, Flugzeugbau, Eisenbahnbau und Schiffbau wird an den Universitäten des Kalifats eine weitere Sparte eröffnet: Eieröffnungsmaschinenbau. Es scheint eine vielversprechende Branche zu sein. Und zu der Schönheit dieses Naturwunders, dem Ei, gesellt sich die Schönheit der Technik.

Und noch ein Wort zur Technik und zur bereits aufgeworfenen Frage, welches Instrumentarium vonnöten sei.

Manch ein Kalifatling mag sich fragen, ob die Anschaffung eines Eierkochers sinnvoll sei. Hier sei angemerkt: Wer häufiger Eier kocht, den Platz und die Mittel für ein solch exquisites Gerät hat, möge es anschaffen – und dann bitte auch benutzen. Ob es unbedingt ein Eierkocher sein muss, der sich mit dem Internet verbinden und diverse Informationen über den jeweiligen Zustand der Eier aufs Smartphone verschicken kann, damit der digital versierte Eieresser stets im Detail darüber informiert ist, ist eine andere Frage. Es gab Menschen, die glaubten nicht an die Zukunft des Autos und setzten auf die Kutsche. Es gab Menschen, die glaubten nicht an die Zukunft des Internets und hielten es für eine vorübergehende Erscheinung. Mag sein, dass der Kalif und sein Leibkoch irren, was die Zukunft des digitalen, intelligenten Eierkochers angeht. Vielleicht werden Kalifatlinge in Zukunft sagen: »Wie konnten wir nur ohne leben?« Über diese Zukunft wollen wir uns an dieser Stelle aber keine Gedanken machen. Das sollen andere Menschen zu einer anderen Zeit tun.

Pfannenglück

Eine Speise, in der das Ei zu wahren Höhenflügen gelangt und für die ganz bestimmt kein intelligenter Eierkocher vonnöten ist, ist der Pfannkuchen. Es gibt wenig, mit dem man Menschen, vor allem Bambini*, so schnell so glücklich machen kann wie mit Pfannkuchen.** Also: Pfannkuchen!

Zutaten

- *200 Gramm Mehl (Weizenmehl)*
- *200 Milliliter Milch*
- *2 Eier*
- *60 Milliliter Wasser (Mineralwasser geht auch, hierum wurden unnötigerweise schon Glaubenskriege geführt, man probiere und entscheide selbst)*

* Das italienische Wort *bambino* für Kind, Plural: *bambini,* ist sehr, sehr schön! Gefolgt vom türkischen Wort für Kind: *çocuk,* gesprochen: tschodschuk.

** Anderswo mögen sie Eierkuchen, Pfannenflatschen oder sonst wie heißen, im Kalifat heißen sie Pfannkuchen!

- *1 Prise Salz*
- *1 Prise Zucker (und wenn es süße Pfannkuchen sein sollen, stattdessen: 1 Packung Vanillezucker)*
- *Speiseöl (Sonnenblumenöl oder, wenn das mal wieder nicht verfügbar sein sollte, weil Leute es aus welchen Gründen auch immer hamstern, Rapsöl oder Maisöl) zum Ausbacken*

Zubereitung

Man gebe Mehl, Milch, Eier, Wasser, Zucker und Salz in eine Schüssel und rühre alles mit dem Handmixer zu einem glatten Teig. Profis mögen zuerst die Eier mit dem Zucker schlagen und dann erst die anderen Zutaten hinzugeben; der Kalif wirft alles zusammen in die Schüssel und rührt. Bei Bedarf gebe man noch nach Gefühl ein wenig Mehl oder etwas Wasser hinzu, um eine dickflüssige, aber nicht zu dünne Konsistenz zu erzielen. Diesen Teig nun in der Schüssel mindestens 15, höchstens 30 Minuten ruhen lassen. In einer beschichteten Pfanne etwa einen Teelöffel Speiseöl gut erhitzen. Wenn nach 4–5 Minuten richtig heiß, Hitze auf mittlere Stärke zurückdrehen. Eine Schöpfkelle voll Teig in die Mitte der heißen Pfanne geben und Pfanne kurz schwenken, um den noch flüssigen Teig gleichmäßig zu verteilen. Den Pfannkuchen nun bei mittlerer Hitze von beiden Seiten etwa 1 bis 2 Minuten ausbacken. Vor jedem nächsten Pfannkuchen wieder einen knappen Teelöffel Öl in die Pfanne geben und ein paar Sekunden warten, bis das Öl sich erhitzt hat.

Pfannkuchen warm servieren. Wahlweise pur genießen oder mit Marmelade, Ahornsirup, Zuckerrübensirup, Schokoladencreme oder Vanilleeiscreme bestreichen, einrollen und als Rolle essen. Ungezuckerte Pfannkuchen können auch mit herzhaften Belägen verfeinert werden – Käse, Schinken, Tomaten, Zwiebeln, Kräutern, Pilzen, Spinat, Zwiebelmett, Senf –, hier können Kalifatlinge ihre Kreativität entfalten.

Merke: Der erste Pfannkuchen gelingt nie, erst der zweite ist genießbar. Nicht ärgern, sondern sich sagen: Der erste Pfannkuchen ist fürs Kalifat!

Kaputter Pfannkuchen oder: Kalifenschmarrn

Im Wiener Kalifat lieben die Menschen eine Mehl- und Eierspeise, die einst »Kaiserschmarrn« hieß und heute bekannt ist als Kalifenschmarrn oder kaputter Pfannkuchen. Entstanden ist die Speise, als einmal ein wenig geübter Koch Pfannkuchen zubereiten wollte. Einer nach dem anderen misslang, blieb in der Pfanne kleben, riss oder zerkrümelte. Verärgert und enttäuscht zerhackte der Koch sämtliche Pfannkuchen, und weil keine Zeit war, etwas anderes zu machen, streute er eine dicke Schicht Puderzucker, im Wiener Kalifat Staubzucker, auf die Pfannkuchenbrocken, damit man nicht so genau sah, was da passiert war, und servierte die Speise. Und oh, man liebte sie!

Kalifatische Weisheit: Auch aus Misslungenem kann Wunderbares entstehen! Gib nicht so schnell auf, sondern versuche, das Beste aus der Situation zu machen!

Der Kalif liebt den Kalifenschmarrn ebenfalls, sonst hätte er nicht seinen Namen dafür hergegeben.

Für die Zubereitung gibt es zwei Varianten. Wer es sich leicht machen will, backe Pfannkuchen wie beschrieben, stapele alle auf einem großen Teller oder Brett und zerhacke sie, sodass mehr oder weniger gleich große, mundgerechte Stücke entstehen. Diese serviere man in Häufchen auf einem Teller, streue Staubzucker darauf, fertig!

Die echte Variante geht so (und der Kalif empfiehlt, diese echte Variante auszuprobieren – sie ist nur unwesentlich aufwendiger als einfacher Pfannkuchen, dafür schwingt sich das Ei in gänzlich ungekannte Höhen auf – und zu echtem Kalifenschmarrn gehört Butter):

Zutaten

- *125 Gramm Mehl*
- *125 Milliliter Milch*
- *4 Eier*
- *1 Teelöffel Backpulver*
- *40 Gramm Zucker*
- *1 Prise Salz*
- *80 Gramm Rosinen (kann man weglassen, es existieren tiefe Gräben in der kalifatischen Bevölkerung, ob sie dazugehören oder nicht, und aus Gründen des Friedens verrät der Kalif nicht, ob er dafür oder dagegen ist)*
- *4 Esslöffel Butter*
- *1 Tonne, pardon, 1 Esslöffel Staubzucker*

Zubereitung

Man trenne Eigelb und Eiweiß – es gibt ein Gerät dafür, kunstfertige Menschen können es auch ohne Zuhilfenahme eines Instruments – und verarbeite das Eigelb mit Mehl, Milch, Backpulver, Zucker und Salz zu einem glatten Teig. Diesen lasse man 10 Minuten ruhen. Das Eiweiß schlage man zu Eischnee und hebe diesen vorsichtig unter den Teig. Wer mag, gebe außerdem die Rosinen hinzu. Man erhitze nun die Hälfte der Butter in einer großen Pfanne und backe bei mittlerer Hitze einen dicken Pfannkuchen mit dem gesamten Teig – so lange, bis er unten schön goldbraun ist. Man wende den Pfannkuchen und füge bei der Gelegenheit die restliche Butter hinzu. Wieder backen, bis der Pfannkuchen Farbe angenommen hat. Er darf außen ruhig ein kleines bisschen knusprig sein. Nun den Pfannkuchen in der Pfanne mit dem Wender in mundgerechte Stücke reißen beziehungsweise hacken, aus der Pfanne nehmen und auf Teller portionieren, ordentlich mit Puderzucker bestreuen – fertig ist der Kalifenschmarrn!

Zitronenkuchen Koranhändlerinnen-Art

Der Kalif sitzt im Wirtshaus »Zum Kalifen« und trinkt einen Zaubertrank, als er im Internet Bilder eines Kuchens entdeckt. »So sieht mein Zitronenkuchen aus!«, schreibt eine Koranhändlerin unter ihrem Foto. Eine andere postet ebenfalls ein Kuchenbild und fragt darunter: »Puderzucker oder Zuckerguss?« Der Kalif durchforstet weitere Bilder: Zitronenkuchen allenthalben! Es scheint, als büken sie um die Wette! Tatsächlich ist es aber kein Wettstreit, sondern mehr ein fröhliches Miteinanderbacken. Sie loben die Frische des Kuchens, sie preisen die milde Süße und bewundern die Raffinesse, die der Ricotta – wahrlich eine außergewöhnliche Zutat für einen Zitronenkuchen! – in dieses köstliche Backwerk bringt!

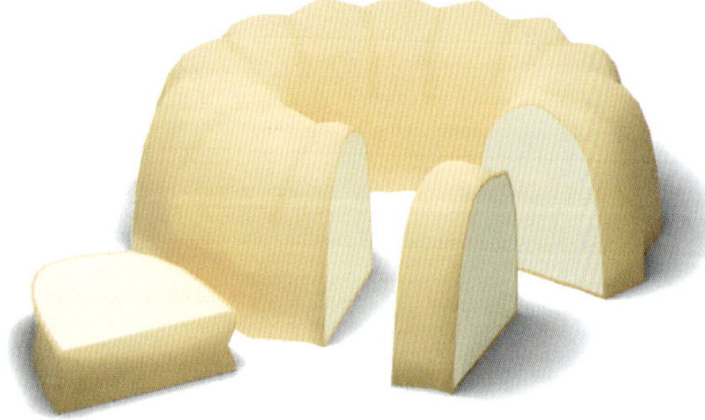

Und so entsendet der Kalif einen Boten, das Rezept bei den Koranhändlerinnen in Erfahrung zu bringen, damit er den höfischen Zuckerbäcker damit beauftragen kann, diesen Zitronenkuchen zu backen. Und manch einer, manch eine im Harem ist hocherfreut, ist der Kuchen doch, wenn auch nicht vegan, immerhin butterfrei!

Zutaten

- *300 Gramm Weizenmehl*
- *200 Gramm Zucker (oder weniger; der kalifatische Zuckerbäcker empfiehlt 175 Gramm)*
- *170 Milliliter Sonnenblumen- oder anderes pflanzliches Öl*
- *3 Eier*
- *200 Gramm Ricotta (man kann es auch mit Naturjoghurt probieren, schmeckt etwas anders, aber auch gut)*
- *2 Teelöffel Backpulver*
- *1 Prise Salz*
- *1 unbehandelte Zitrone*

Zubereitung

Man erhitze den Ofen auf 175 Grad Celsius bei Ober-/ Unterhitze. Derweil vermenge man in einer Schale Mehl, Backpulver und Salz und stelle diese Mischung beiseite. In einer Rührschüssel verrühre man nun mit einem Handmixer Zucker, Eier, Öl und Joghurt gründlich. Anschlie-

ßend reibe man die Schale einer Zitrone hinein, gebe den Saft ebendieser Zitrone dazu und verrühre alles noch einmal kurz. Jetzt pinsele man die Kuchenform – gerne eine Guglhupfform – mit einem Teelöffel Sonnenblumenöl aus und fülle den Teig gleichmäßig in die Form. Man stelle die Form nun auf den Rost und backe den Kuchen etwa 45 Minuten auf der mittleren Schiene – die Oberfläche soll leicht goldbraun sein.

Mit der Stäbchenprobe erkennt man, ob der Kuchen fertig ist: Man nehme einen Holzspieß, zum Beispiel einen Schaschlikspieß, steche ihn tief in den Kuchen und ziehe ihn wieder heraus. Klebt noch Teig daran, muss der Kuchen ein paar weitere Minuten backen. Ist der Holzstab dagegen nach dem Herausziehen sauber, ist der Kuchen fertig.

Den Kuchen nach dem Backen etwa 15 Minuten in der Form auskühlen lassen, dann auf ein Kuchengitter stürzen.

Man könnte nun stunden-, ach was, jahrelang darüber debattieren, ob man den Kuchen so belässt, mit Puderzucker – im Wiener Kalifat Staubzucker – bestäubt oder mit einer Glasur, einem Guss überzieht. Und auch da: Zucker- oder Schokoglasur? Streusel oder keine Streusel? Das sind existenzielle Fragen, auf die, findet der Kalif, jeder Kalifatling eine eigene Antwort finden muss, denn immerhin sind Kalifatlinge intelligente, freie Menschen.

Außen rot, innen braun und immer a bisserl betrunken

Für Punschkrapfen ist immer Zeit, für Punschkrapfen ist immer Platz! Am besten natürlich zum Kaffee oder zum Tee.

Zutaten

Für den Biskuitteig

- *8 Eier*
- *120 Gramm Staubzucker, auch Puderzucker genannt*
- *1 Esslöffel Rum*
- *2 Esslöffel Wasser*
- *1 Messerspitze Bourbon-Vanillepulver*
- *1 Prise Salz*
- *200 Gramm helles Dinkelmehl (Type 700)*
- *20 Gramm Speisestärke*

Für der Füllung erste Schicht

- *1 bis 2 Zentimeter von den Rändern des gebackenen Biskuitteigs*
- *250 Gramm Marillenmarmelade (jenseits des Wiener Kalifats Aprikosenmarmelade genannt)*
- *150 Gramm gemahlene Haselnüsse, aber auch Mandeln oder Walnüsse sind in Ordnung*
- *100 Gramm Zartbitterkuvertüre*
- *100 Milliliter Rum*
- *100 Milliliter Orangensaft*
- *1 Prise Zimt*
- *geriebene Schale von einer halben Zitrone*

Für der Füllung zweite Schicht

- *100 Gramm Marillenmarmelade*
- *2 Esslöffel Rum*

Für die rosafarbene Glasur

- *400 Gramm Puderzucker*
- *10 Esslöffel Kirschsaft*
- *10 Esslöffel Rum*
- *10 Tropfen Rote-Beete-Saft (Wiener Kalifat: Rote-Rüben-Saft), für die Farbe*

Zubereitung

Man schlage die Eier mit Zucker, Wasser, Rum, Vanille und Salz sehr schaumig. Nun hebe man vorsichtig und nach vorherigem Sieben, um Klümpchen zu vermeiden, das

Mehl und die Speisestärke unter den Schaum. Man belege zwei Backbleche mit Backpapier und streiche den Teig gleichmäßig auf beide Bleche, sodass die Schicht eineinhalb Zentimeter dick ist. Beide Bleche schiebe man gleichzeitig bei 170 Grad Celsius Umluft für 10 bis 12 Minuten in den Ofen. Der Teig ist fertig, wenn er goldgelb ist.

Während der Teig backt, rühre man die Glasur an: Einfach Staubzucker, Kirschsaft, Rum und Rote-Beete-Saft gründlich vermischen.

Für die erste Füllungsschicht schmelze man die Kuvertüre. Wenn der Teig fertig gebacken und erkaltet ist, löse man beide Platten mit einem großen Messer von den Blechen und schneide jeweils 1 bis 2 Zentimeter von allen Rändern ab. Diese Streifen zerbrösele man in eine große Schüssel, gebe die flüssige Kuvertüre dazu und mische dies mit allen anderen Zutaten für die erste Füllungsschicht, also mit der Marillenmarmelade, den Nüssen, dem Rum, dem Orangensaft, dem Zimt und der Zitronenschale. Dies alles rühre man zu einer glatten, geschmeidigen Masse und verstreiche sie gleichmäßig auf einem der zwei Biskuitböden. Den zweiten Boden setze man obendrauf.

Man vermische nun für die zweite Füllungsschicht Marillenmarmelade mit Rum.

Das Teigsandwich halbiere man, bestreiche die eine Hälfte des gefüllten Biskuits mit der Marmeladen-Rum-Mischung, setze die zweite Hälfte des gefüllten Biskuits darauf und drücke alles gut an. Diesen nun siebenschichti-

gen Kuchen (Teig, erste Füllung, Teig, zweite Füllung, Teig, wieder erste Füllung, Teig) schneide man mit einem Brotmesser in Würfel. Diese Würfel – oder Quader, wenn nicht alle Seiten gleich lang sind – bestreiche man gleichmäßig mit der rosafarbenen Glasur und lasse diese fest werden. Fertig sind die Punschkrapfen! Wer mag, kann sie nun noch mit kandierten Kirschen oder anderen Dingen garnieren oder mit flüssiger Schokolade Muster draufmalen.

Die wertvollste Zutat: Zeit

Auch wenn die Menschen immer älter werden, so ist die Zeit, die ihnen auf Erden zur Verfügung steht, doch begrenzt. Zeit, man vergisst es bisweilen, ist ein kostbares Gut. Man sollte sie gut, jedenfalls wohl überlegt nutzen.

Nun mögen manche im Kochen wie auch im Essen verplemperte Zeit sehen. Das Kochen soll schnell gehen, zack, zack. Instant Food zeugt davon: irgendein Zeug, heißes Wasser drauf, ein paar Minuten warten, fertig. Oder ein paar Löcher in die Plastikfolie, die auf dem Plastiktopf klebt, ab in die Mikrowelle für ein paar Minuten, das war's. Oder Dose auf, Inhalt in den Topf, einmal aufkochen, erledigt.

Dagegen ist nichts einzuwenden, jedoch ist dies kein Kochen! Dies ist Erhitzen von mehr oder weniger essbaren Substanzen. Durchaus sinnvoll, wenn es mal schnell gehen muss. Wenn keine Zeit ist.

Und wie das Kochen, so das Essen: Der Siegeszug des Fast Foods, des schnellen Essens, in den zurückliegenden Jahrzehnten bestätigt die oben geschilderte Beobachtung. Auch hier: Nichts einzuwenden, wenn es ab und zu schnell gehen muss, zwischen zwei Terminen. Gleichwohl scheint es, als erachteten manche Menschen – viele Menschen – Nahrungsaufnahme als ein notwendiges Übel.

Der Kalif sagt: Esst mit Bedacht und kocht mit viel Zeit. Zeit ist die wertvollste, wichtigste Zutat! Diese Erkenntnis kam dem Kalifen und seinem Leibkoch bei der Suche nach dem besten Pizzateig der Welt.

Der beste Pizzateig der Welt*

Pizza ist ein Nahrungsmittel, das auf allen Kontinenten geschätzt wird. Im Kalifat ist es überaus beliebt. Hier gilt es, wie Grünkohl, Curry und Punschkrapfen, als Grundrecht. Es ist ein Gericht, das die Menschen eint. Eine Pizza ist kleinster gemeinsamer Nenner.

Und dann wieder auch nicht. Pizza ist ein diplomatisch heikles Thema. Pizza ist vermintes Gebiet. Ob Teig, Sauce oder Belag, in Neapel macht man es so, in Palermo so, in Mailand noch einmal anders, und in Hollern-Twielenfleth hat man wieder ganz eigene Vorstellungen von Pizza. Selbst von Dorf zu Dorf unterscheiden sich die Rezepte, und bisweilen verdreht man insgeheim oder sogar offen die Augen darüber, wie die Nachbarn ihre Pizza zubereiten.

Kalif und Leibkoch haben sich von Dogmen und Ideologien nicht beirren lassen, haben Hunderte, ach was, Tausende Rezepte ausprobiert, haben geknetet und gerührt, was das Zeug hält – und haben das perfekte Pizzarezept ent-

* Also nicht nur der Erde, sondern des gesamten Universums.

wickelt! Achtung: Hier werden als unumstößlich geltende Regeln missachtet, werden als heilig erachtete Vorgehensweisen ignoriert! Wer dies als schmerzlich empfindet, sollte dieses Rezept nicht lesen und schon gar nicht ausprobieren. Alle anderen werden es nicht bereuen und nie wieder anderen Pizzateig zubereiten als diesen. Er ist einfach herzustellen, es bedarf keiner ungewöhnlichen Zutaten – aber es ist viel Zeit vonnöten. Nicht am Teig arbeitend, sondern den Teig ruhen lassend. Es ist also eine gewisse zeitliche Planung erforderlich.

Zutaten

Teig 1

- *150 Gramm Mehl, am besten Pizzamehl (manchmal steht die in Italien geläufige Bezeichnung »00« drauf, auch »Typ 00« oder »Tipo 00«); es funktioniert aber auch mit anderen Weizenmehlen*
- *80 Milliliter lauwarmes Wasser*
- *6 Gramm frische Hefe oder 2 Gramm Trockenhefe (auch so ein Punkt für Glaubenskriege; am Hofe des Kalifen ist man überzeugt, dass es wirklich egal ist)*
- *1 Teelöffel oder weniger Zucker (der Kalif verwendet braunen Zucker)*

Zubereitung

Man löse den Zucker in einem Becher mit dem lauwarmen Wasser auf und rühre anschließend die Hefe hinein. Diese Mischung lasse man etwa eine Viertelstunde an einem warmen Ort stehen, bis sich Blasen bilden und man, wenn man genau lauscht, ein gewisses Sprudeln hört. In diesen 15 Minuten ist also ein kleines Naturwunder geschehen! Wir haben die Hefepilze mit dem Zucker gefüttert, und nun sind sie quicklebendig und machen Party und pupsen fröhlich vor sich hin! (»Kalif, bitte!«, ruft der Harem.) Nun gebe man das Mehl in eine Rührschüssel und schütte das Hefe-Zucker-Wasser nach und nach dazu, während man alles mit der Hand verrühre und verknete. Die Flüssigkeit gebe man deshalb nach und nach hinzu, weil die genannten 80 Milliliter manchmal etwas zu viel sind – es ist kein Problem, wenn also ein paar Tropfen übrig bleiben. Der Teig soll nicht zu feucht, zu klebrig werden. Man knete und knete, mindestens 5 Minuten lang, bis der Teig geschmeidig, samtig, weich, nicht zu trocken, aber keinesfalls zu feucht ist. Das Kneten ist wichtig, damit sich alle Zutaten gut verbinden. Auf die natürlichen chemischen Prozesse, die während des Knetens ablaufen, soll hier nicht weiter eingegangen werden – Fakt ist, dass sie geschehen. Daher sollte das Kneten nicht abgekürzt werden. Aber wer tut das schon? Welch Spaß zu kneten!

Aus dem Teig forme man eine Kugel und stelle sie in einem luftdicht verschlossenen Gefäß für 12 bis 72 Stunden in den Kühlschrank. Also mindestens 12 Stunden, ma-

ximal 72 Stunden. Nach Erfahrung des Kalifen und seines Leibkochs wird der Teig am besten nach 24 Stunden Zeit im Kühlschrank.

Jetzt ist die Hälfte geschafft!

An dem Tag, an dem man die Pizza machen möchte, stellt man den zweiten Teil des Teigs her.

Teig 2

- *130 Gramm Mehl von derselben Sorte, die man für Teig 1 verwendet hat*
- *20 Gramm Semolina (das ist fein gemahlener Hartweizengrieß; manche Pizzamehle enthalten bereits Semolina, siehe Packung, dann kann man darauf verzichten; auch sonst kann man auf Semolina verzichten, dann wird es der zweitbeste Pizzateig der Welt)*
- *80 Milliliter Wasser*
- *1 Teelöffel Salz*
- *1 bis 2 Esslöffel Olivenöl*

Zubereitung

Man gebe Mehl und Semolina in eine Rührschüssel und vermische sie. Nun gebe man Salz und Olivenöl hinzu und gieße, wie bei Teig 1, nach und nach das Wasser dazu, während man alles mit der Hand verrühre und knete. Auch hier kann ein Rest vom Wasser übrigbleiben. Der Teig soll wieder weich und samtig werden und nicht kleben. Hierzu ist wieder ein mindestens 5 Minuten dauerndes Kneten nötig. Keine Abkürzungen! Man forme wieder eine Kugel und lasse sie, die Schüssel mit einem Tuch bedeckt, 15 bis 30 Minuten bei Zimmertemperatur ruhen.

Nun nehme man Teig 1 aus dem Kühlschrank, der ein wenig in die Breite gegangen sein und eine Flüssigkeit (Alkohol!) gebildet haben dürfte. Diesen Teig 1 gebe man zum Teig 2 und verknete alles mit Händen gründlich zu einem homogenen Teig. Mindestens 5 Minuten lang! Keine Abkürzungen! Anschließend bedecke man die Schüssel wieder mit dem Tuch und lasse den Teig bei Zimmertemperatur – eher wärmer als kälter – mindestens 3, besser 6, idealerweise 12 Stunden gehen. Der Teig hat am Ende eine wunderschön glatte Oberfläche, hier und da haben sich Blasen gebildet.

Jetzt endlich geht es ans Pizzamachen!

Man ignoriere alle möglichen Dogmen (»Pizzastein!«, »Teig nicht mit dem Nudelholz ausrollen!« et cetera) und gehe folgendermaßen vor:

Man lege ein Backblech mit Backpapier aus und platziere den Teig vorsichtig in der Mitte. Mit den Fingern drücke man von der Mitte zu den Rändern und breite ihn so auf dem Blech aus. Wer mag, darf selbstverständlich eine Walze nehmen und ihn ausrollen.

Den auf dem Blech ausgebreiteten oder ausgerollten Teig bedecke man wieder mit dem Tuch und lasse ihn eine halbe Stunde ruhen. Anschließend bestreiche man ihn mit der besten Pizzasauce der Welt – Rezept nachfolgend! –, belege ihn nach eigenen Wünschen und backe ihn im auf 250 Grad Celsius vorgeheizten Backofen (Ober-/Unterhitze, nicht Umluft!) etwa 10 bis 13 Minuten.

Ihr seht, Kalifatlinge: Die Netto-Arbeitszeit ist nicht hoch. Die Brutto-Arbeitszeit ist durch die viele Warterei, nun ja, nicht unerheblich. Hat man Teig 1 im Kühlschrank, kann man relativ spontan, also mit mindestens 3 Stunden Vorlaufzeit, eine Pizza zubereiten. Hat man nichts vorbereitet, kann man mit diesem Rezept mit 24 Stunden Vorlaufzeit Pizza machen. Noch spontaner geht leider nicht.

Die beste Pizzasauce der Welt

Auf jede Pizza gehört, egal welchen Belag man anschließend wählt, eine Sauce. Sie bildet die Grundlage. Und keine Sorge, für die beste Pizzasauce der Welt braucht es weniger Zeit als für den Teig. Ein bisschen Zeit ist aber sehr wohl erforderlich: Sie muss nämlich gekocht werden! Bloß nicht einfach kaltes Tomatenpüree oder passierte Tomaten auf den Teig schmieren! Das tun nur Barbaren!

Zutaten

- *4 reife, aromatische Tomaten oder, wenn nicht erhältlich, 1 Dose Tomaten (gerne schon gehackt, sonst selbst hacken!)*
- *3 Knoblauchzehen (mindestens!), besser: 6*
- *1 kleine Zwiebel (dies ist eine Glaubensfrage, ob Zwiebel in die Pizzasauce gehört oder nicht; der Kalif mag es)*
- *1/2 Teelöffel Salz*
- *1/2 Teelöffel Zucker*

- 1 Teelöffel italienische Kräutermischung oder Basilikum, Oregano, Thymian selbst mischen
- 2 Esslöffel Olivenöl
- Pfeffer nach Geschmack

Zubereitung

Man erhitze das Olivenöl in einem kleinen Topf, hacke Knoblauch und Zwiebel fein und gebe sie in das heiße Öl. Man lasse dies bei mittlerer Hitze etwa 5 Minuten braten – Zwiebeln und Knoblauch sollten leicht braun werden, aber nicht verbrennen. Die Röstung trägt zum Aroma der Sauce bei, also nicht zu voreilig sein! Stichwort: Zutat Zeit! Nun die kleingehackten Tomaten oder die Tomaten aus der Dose (man achte hier auf gute Qualität!) dazugeben, gut verrühren und aufkochen lassen. Achtung, es mag spritzen! Daher zum Schutz Deckel auf den Topf geben, aber nicht völlig verschließen, es soll Flüssigkeit verdampfen, damit die Sauce eindickt. Nun Salz und Zucker dazugeben, verrühren, köcheln lassen. Pfeffer und Kräutermischung unterheben, etwa 5 Minuten köcheln lassen, dabei immer wieder umrühren, damit nichts am Boden anbrennt. Die Sauce sollte dickflüssig werden. Abkühlen lassen. Man kann die Sauce ruhig schon am Vormittag zubereiten, wenn es am Abend Pizza geben soll.

Die kalte Sauce auf den ausgerollten Pizzateig streichen.

Nun kann man den mit der Sauce bestrichenen Teig belegen: mit Mozzarella, Parmesan, Salami, allen mög-

lichen Dingen, die einem einfallen – selbst zu Schinken und Ananas (»Pizza Hawaii«, dem Herrn sei's geklagt!) gibt der Kalif seinen Segen. Möge jeder nach seiner Fasson glücklich werden! Anschließend backen, wie im Teigrezept beschrieben.

Umami- und Foodieverbot

Eines Tages hörte der Kalif sogenannten Gourmets, also Feinschmeckern, zu, wie sie über Essen redeten. Sie benutzten das Wort »umami« sehr oft. Das heißt: Sie benutzten es ständig. Jedes dritte Wort war »umami«. Er warf dem Großwesir, der einige Wochen im Urlaub gewesen war und dem Kalifen nun wieder treu zu Diensten stand, einen fragenden Blick zu.

Der flüsterte ihm ins Ohr: »Neben den Geschmacksrichtungen süß, salzig, sauer und bitter hat sich die Bezeichnung ›umami‹ für eine Geschmacksrichtung durchgesetzt, die außer den genannten von der menschlichen Zunge wahrgenommen werden kann. ›Umami‹ kommt aus dem Japanischen und bedeutet in etwa ›schmackhaft‹, ›würzig‹. Käse wie Parmesan löst die Geschmackswahrnehmung ›umami‹ aus.«

»In mir löst es den Drang zu schreien aus«, sagte der Kalif. »Diese Typen halten sich wohl für besonders schlaue Feinschmecker, weil jedes dritte Wort ›umami‹ ist!«

Der Großwesir nickte. »Ja, das ist ein Wort, das bestimmte Menschen besonders lieben …«

»Genau! Und weißt du, wie diese Typen sich selbst nennen? Nicht Gourmet, nicht Feinschmecker, sondern …«

Der Großwesir schaute den Kalifen gespannt an und zuckte mit den Schultern.

»Sie nennen sich ›Foodie‹! Was für eine bescheuerte Bezeichnung! ›Foodie‹! Was soll das sein? Ist ein Fahrradexperte dann ein ›Cyclie‹? Und ein Bleistiftliebhaber ein ›Pencilie‹? Was soll dieser Blödsinn?!«

Der Großwesir blickte nun ratlos drein. Er wusste nicht, warum der Kalif sich schon wieder über so etwas aufregte.

Der sagte nur: »Schreib auf, Großwesir: Ab sofort sind die Worte ›umami‹ und ›Foodie‹ im Kalifat verboten!«

»Aber«, wandte der Großwesir ein, »ist es nicht so, dass im Kalifat alles sagbar ist? Und dass die Liste der verbotenen Wörter kein einziges Wort enthält?«

»Das ist mir egal!«, rief der Kalif. »›Umami‹ und ›Foodie‹ sind ab sofort untersagt!«

»Aber Kalif! Widerspricht das nicht euren Prinzipien des freien Wortes?«

»Nun«, sagte der Kalif, »ja, das tut es. Aber das ist die Widersprüchlichkeit der menschlichen Natur.«

Gärtrud und Hermann

Da der Kalif etwas über ungesäuertes Brot gelesen hatte und nun die Rede von der Wichtigkeit der Zeit war, kommen wir zu einem der wichtigsten Dinge überhaupt: zum Sauerteig! Sauerteig ist ein Triebmittel, im Prinzip wie Hefe oder Backpulver. Er ist ein heimischer Bioreaktor, er enthält natürliche Hefen und Milchsäurebakterien und macht das Backwerk lockerer und bekömmlicher, verbessert also die ernährungsphysiologischen Eigenschaften. Roggenteige werden erst mithilfe von Sauerteig backfähig. Brote aus Sauerteig sollen besonders gesund sein, angeblich steigt der Blutzucker nach dem Verzehr langsamer an als zum Beispiel nach dem Verzehr eines Brotes ohne Sauerteig. Das hat der Kalif in einer Zeitschrift gelesen, und es klingt gut, ist aber auch eine etwas alberne Aussage. Schließlich steigt der Blutzuckerspiegel auch langsamer nach dem Verzehr einer Karotte als, sagen wir: nach dem Verschlingen einer Sahnetorte mit Marzipan und Whiskycreme.

Sauerteig ist seit Jahrtausenden bekannt. Wahrscheinlich war er eine zufällige Entdeckung: Jemand hat mal einen Teig zu lange irgendwo stehen gelassen, er hat begonnen zu gären, man hat den Teig dennoch benutzt – und siehe da, das Brot schmeckte viel besser, war viel aromatischer und besser verdaulich!

Früher war es durchaus üblich, dass jeder Haushalt sich einen Sauerteig hielt. Oft wurde er, warum auch immer, Hermann genannt. Der Kalif hat seinem Sauerteig den Namen Gärtrud gegeben, weil der Teig so schön gärt. Bisweilen nennt er ihn liebevoll Trude. »Halten« ist übrigens das richtige Wort: Man hält einen Sauerteig wie ein Haustier. Ein Sauerteig ist ein Familienmitglied. Er braucht zwar nur wenig, aber doch regelmäßige Pflege, er muss nämlich immer mal wieder gefüttert werden, damit die wundersame Zellvermehrung stattfinden kann.

Zum Backen eines Brotes braucht man immer nur vielleicht 30 bis 50 Gramm Sauerteig, den man dem Brotteig hinzufügt. Man hält aber mehr vor, kann also mehrere Brote damit backen, und aus einem Rest stellt man neuen Sauerteig her. Wie das alles funktioniert, soll das folgende Rezept aufzeigen. Die Zutatenliste ist einfach, ein großes handwerkliches Können ist nicht erforderlich, sehr wohl aber – man ahnt es – Zeit!

Zutaten für den ersten Sauerteig (Sauerteigansatz)

- *350 Gramm Mehl (Roggenmehl für Roggensauerteig, gut für dunkle Brote, geht aber auch für Weizenbrote; Weizenmehl für Weizensauerteig, zum Beispiel für aromatische helle Brote)*
- *350 Milliliter lauwarmes Wasser*

Zubereitung

Zunächst 100 Gramm Mehl und 100 Milliliter Wasser gründlich mit einem Löffel oder einer Gabel verrühren und 12 Stunden abgedeckt (aber nicht luftdicht!) ruhen lassen – am besten bei einer gleichbleibenden Temperatur zwischen 30 und 35 Grad Celsius. Diese Temperatur erreicht man zum Beispiel, wenn man die Schüssel bei eingeschalteter Ofenlampe in einen Backofen stellt. Es geht aber auch in einem warmen, zugfreien Raum nahe einer Heizung. Bei dieser kuschligen Wärme fühlen sich die Mikroorganismen, die aus der Luft und aus dem Mehl in der Mischung enthalten sind, am wohlsten und werden nach und nach richtig aktiv.

Nach 12 Stunden die Schüssel aus dem Ofen nehmen, kräftig durchrühren und noch einmal für 12 Stunden abgedeckt an den warmen Platz stellen.

Nun, am nächsten Tag, also nach insgesamt 24 Stunden, 50 Gramm Mehl und 50 Milliliter Wasser zu der Mischung dazugeben, wieder kräftig durchschlagen, wieder abdecken – und diesmal für 24 Stunden am warmen

Platz ruhen lassen. Verströmt die Mischung im Laufe des Tages ein säuerliches Aroma, vermengt mit dem Duft von Hefe – Alhamdulillah! Tut sie das nicht – kein Problem, früher oder später wird sie, Inschallah, so riechen!

Am dritten Tag nun 100 Gramm Mehl und 100 Milliliter Wasser hinzugeben, wieder durchrühren, wieder 24 Stunden warm und abgedeckt ruhen lassen.

Tag vier: Wieder 100 Gramm Mehl und 100 Milliliter Wasser dazugeben, wieder durchrühren und, ihr ahnt es, Kalifatlinge, wieder 24 Stunden warm und abgedeckt ruhen lassen.

Sind die 24 Stunden vergangen, ist der Sauerteig, auch Sauerteigansatz genannt, fertig! Er sollte nun intensiv nach Hefe und Milchsäure riechen. Man kann ihn sofort verwenden, oder man gibt ihn in ein nun luftdicht verschließbares Einmachglas und stellt ihn in den Kühlschrank. Dort hält er bis zu 14 Tage. Wie man ihn verwendet, lest ihr in einem späteren Rezept.

Zeitsparender Zugang zum Sauerteig

Einfach zum nächsten Bäcker gehen und fragen, ob er Sauerteigansatz verkauft oder verschenkt. Manche bieten das an. Das spart zwar eine Menge Zeit, nimmt einem aber auch die Freude am Beobachten dieses Naturwunders, das das Entstehen von Sauerteig auf jeden Fall ist.

Da der Sauerteig fortan mit uns leben soll, möge man ihm einen Namen geben.

Halten/Füttern/Pflegen des Sauerteigs

Zutaten

- *30 Gramm Sauerteigansatz*
- *100 Gramm Mehl (von jener Sorte, aus dem der Sauerteigansatz ist; also Roggenmehl für Roggensauerteig, Weizenmehl für Weizensauerteig)*
- *100 Milliliter lauwarmes Wasser*

Zubereitung

Alle 14 Tage, im ersten halben Jahr besser alle 10 Tage oder, noch besser, alle 7 Tage fülle man 100 Milliliter lauwarmes Wasser in ein sauberes Einmachglas und gebe 30 Gramm von dem Sauerteigansatz aus dem Kühlschrank hinzu. Man füge nun 100 Gramm Mehl hinzu und verrühre alles kräftig mit einem Löffel oder einer Gabel, bis das Gemisch eine homogene Masse bildet. Nun stelle man das Glas mit zugeklapptem beziehungsweise aufgelegtem, aber nicht verschlossenem Deckel (also nicht luftdicht!) an einen warmen Platz, gerne auch in den Ofen bei eingeschalteter Ofenlampe, und lasse den Teig 6 Stunden gehen. Nach 1, 2 Stunden bilden sich Blasen, der Teig fängt an zu wachsen. Am Ende sollte sich das Volumen verdoppelt bis verdreifacht haben.

Fertig ist der frische, aktive Sauerteigansatz!

So macht man es alle 7 bis 14 Tage: Man füttert seinen Sauerteig. Mit jedem Tag im Kühlschrank schrumpft seine Triebkraft, irgendwann schimmelt er möglicherweise, da-

her sollte man keinesfalls zu lange damit warten. Pflegt man den Sauerteig auf diese Weise, hält er viele Jahre – und wird, so behaupten manche, über die Jahre immer besser! Wer mal auf absehbare Zeit unterwegs ist und dadurch nicht in der Lage, den Sauerteig in den nächsten 14 Tagen zu füttern, nehme ihn mit auf Reisen (auf Kühlung achten!), gebe ihn in ein Sauerteighotel (gibt es in manchen Ländern wirklich!) oder lasse ihn bei Freunden oder Nachbarn zur Pflege. Man kann ihn auch einfrieren (Haltbarkeit: etwa ein Jahr) oder trocknen und zu Pulver verarbeiten (Haltbarkeit: eine Ewigkeit, auf jeden Fall mehrere Jahre).

Sauerteig einfrieren

Den Sauerteig kann man in einer Dose oder auch in Eiswürfelformen einfrieren.

Eingefrorenen Sauerteig aktivieren

Durch das Einfrieren werden viele der Mikroorganismen sterben. Aber es überleben genügend, um diesen Sauerteig zu reaktivieren. Man lasse also den eingefrorenen Sauerteig bei Zimmertemperatur langsam und schonend auftauen. Nun nehme man 50 Gramm vom aufgetauten Sauerteig, vermische ihn gründlich mit 100 Gramm Mehl – dieselbe Sorte, aus der auch der Sauerteig ist – und 100 Milliliter lauwarmem Wasser und lasse diese Mischung nun warm und abgedeckt 24 Stunden gehen. Fertig, Alhamdulillah.

Sauerteig trocknen

Man lege ein Blatt Backpapier auf ein Blech, nehme etwa 300 Gramm von dem Sauerteigansatz, verteile ihn auf dem Backpapier, lege ein weiteres Blatt Backpapier da-

rauf und streiche die Masse dünn und glatt. So lasse man das Ganze nun mindestens 24 Stunden, eher länger, an einem warmen, trockenen Ort ruhen. Gerne, ihr ahnt es, Kalifatlinge, im Backofen bei eingeschalteter Ofenlampe. Anschließend nehme man das obere Blatt Backpapier ab, zerbrösele den trockenen Sauerteig und bewahre die Sauerteigkrümel in einem luftdicht verschlossenen Glas auf.

Getrockneten Sauerteig aktivieren

Will man diesen Sauerteig wieder zum Leben erwecken - der Leibkoch spricht expertenhaft von »aktivieren« -, nimmt man 10 Gramm Sauerteigpulver beziehungsweise Sauerteigkrümel, verrührt sie mit 20 Milliliter lauwarmem Wasser und 20 Gramm Mehl - dieselbe Sorte, aus der der Sauerteig ist - und lässt das Ganze 6 Stunden abgedeckt an einem warmen Ort ruhen. Nach dieser Zeit 40 Gramm Mehl und 40 Milliliter lauwarmes Wasser hinzugeben, verrühren, wieder 6 Stunden ruhen lassen. Schließlich 150 Gramm Mehl und 150 Milliliter Wasser hinzugeben, kräftig verrühren und nun 12 Stunden abgedeckt an einem warmen Ort stehen lassen. Der Sauerteig ist nun wieder aktiv und einsetzbar.

Ein Himmelbett fürs Zwiebelmett*

Was also macht man nun mit diesem Sauerteig? Wie wird daraus Brot? Das sind Fragen, die die Kalifatlinge umtreiben. Der Kalif weiß: Es gibt Hunderte, nein, Tausende Rezepte für Sauerteigbrote und Sauerteigbrötchen/-semmeln/-weckerln/-et cetera. Zwei Brotrezepte sollen hier für den Anfang zum Besten gegeben werden – beide unter Zuhilfenahme von zusätzlich Hefe, damit es wirklich gelingt, wenn der Sauerteig beispielsweise nicht triebstark genug ist. Echte Sauerteigbrote kommen ohne Zusatz von Hefe aus, hier mögen die Kalifatlinge, wenn sie ein wenig Geschick im Umgang mit Sauerteig entwickelt haben, selbst experimentieren.

Ein einfach herzustellendes, schmackhaftes, gesundes Brot, das der Kalif sehr schätzt, ist das Himmelbett fürs Zwiebelmett, das allerdings auch mit Marmelade oder Honig oder auch einfach nur mit Butter hervorragend schmeckt.

* Sehnlich erwartet.

Zutaten

- 500 Gramm Mehl, und da es ein Mischbrot ist, sollten es 200 Gramm Roggenmehl und 300 Gramm Weizenmehl sein; man kann hier mit den Mengenverhältnissen sehr schön experimentieren, kann auch Dinkelmehl hinzunehmen. Am Ende muss die Gesamtmenge an Mehl für ein Brot aber immer bei 500 Gramm liegen
- 360 Milliliter lauwarmes Wasser
- 30 Gramm Sauerteigansatz, frisch zubereitet oder aus dem Kühlschrank, je frischer, desto triebstärker, desto besser
- 1 Päckchen Trockenhefe (7 Gramm) oder ein halber Würfel (21 Gramm) frische Hefe
- 8 Gramm Salz

Zubereitung

Man vermenge Mehl, Sauerteig, Hefe und Salz in einer Rührschüssel. Nun gebe man etwas von dem Wasser hinzu und beginne, das Ganze mit einem Handmixer (Knethaken verwenden!) zu verrühren und zu verkneten. Nach und nach gebe man mehr Wasser hinzu, bis sich ein geschmeidiger, feuchter, durchaus klebriger Teig gebildet hat. Man knete alles mit dem Knethaken 5 Minuten - nicht vorher aufhören, der Knetprozess ist wichtig! Anschließend bedecke man die Schüssel mit einem Tuch und lasse sie 1 Stunde bei Zimmertemperatur, gerne in der Nähe einer Heizung, stehen. Man schlage eine Kas-

tenform mit Backpapier aus – man kann sie auch einfetten, aber dem Kalifen gefällt das Ergebnis besser, wenn man auf das Einfetten der Form verzichtet und sie stattdessen mit Backpapier ausschlägt. Nach der Stunde Gehzeit knete man den Teig noch einmal kurz mit dem Handmixer durch, aber wirklich nur kurz, vielleicht 30 Sekunden, und gebe den Teig nun in die Form. Achtung, der Teig ist klebrig! Damit er nicht so sehr klebt, befeuchte man seine Hände kurz vorher mit Wasser. Man drücke den Teig schön in die Form, sodass er gleichmäßig im Kasten verteilt ist. Nun bedecke man diese Kastenform mit dem Teig darin wieder mit dem Tuch und lasse das Ganze eine weitere halbe Stunde an einem warmen Ort stehen.

Den Ofen heize man nun auf 230 Grad Celsius vor. Ist der Teig eine halbe Stunde in der Form gegangen – er müsste im Volumen deutlich zugelegt haben –, schiebe man die Form auf einem Rost auf die unterste Schiene und backe das Brot 10 Minuten lang. Dann reduziere man die Hitze auf 210 Grad Celsius und backe es weitere 50 Minuten. Nach also insgesamt 1 Stunde Backzeit hole man das Brot aus dem Ofen und lasse es 15 Minuten in der Form ruhen, bevor man es daraus löse und mindestens 1 Stunde lang auskühlen lasse.

Man schneide mit einem Brotmesser Scheiben in gewünschter Dicke und bestreiche diese mit dem Belag der Wahl. Idealerweise mit Zwiebelmett – dazu später mehr – und frisch gehackten Zwiebeln.

Kabelsalat

Bevor wir beim Sauerteigbrot die Schwierigkeitsstufe erhöhen und die Zubereitung noch mehr von der kostbarsten aller Zutaten erfordert – klar, Zeit –, kommen wir zunächst zu einem sehr wichtigen kalifatischen Tipp jenseits des Kulinarischen, der nur wenig Zeit kostet, aber das Leben leichter macht.

Kalifatlinge, die ihr zu Hause eine Kiste oder einen Umzugskarton oder ein sonstiges Behältnis besitzt mit Kabeln und Steckern, von denen ihr nicht wisst, für welche Geräte ihr sie überhaupt benötigt und was man damit anfangen soll, die ihr aber behaltet, weil es sein könnte, dass ihr sie irgendwann doch einmal benötigen solltet: Für euch gibt es einen wichtigen Rat des Kalifen! Es geht nicht darum, wie ihr Kabelsalat zubereitet, sondern wie ihr diesen Kabelsalat loswerdet!

Man nehme die Kiste oder den Karton oder das sonstige Behältnis mit den Kabeln und/oder Steckern und bringe ihn zur Mülldeponie oder zu einer sonstigen Entsorgungsstelle, ohne jedes einzelne Kabel vorher zu begutachten und ohne darüber nachzudenken, ob man eines davon vielleicht doch noch gebrauchen könnte. Sollte das Behältnis geschlossen sein – bloß nicht öffnen, nicht einmal den Deckel anheben, einfach geschlossen lassen! Und wegwerfen! Der Kalif versichert euch: Kein einziges Kabel werdet ihr je vermissen! Also weg damit! Das schafft Platz und vermittelt ein befreiendes Gefühl!

Profi-Himmelbett fürs Zwiebelmett

Dieses Sauerteigbrot ist etwas komplizierter zuzubereiten als das erste, denn es besteht aus drei Teigen. Aber dafür ist es köstlich! Es kostet vor allem: Zeit. Die reine Arbeitszeit ist nicht hoch, die Wartezeit allerdings schon. Wie heißt es so schön? Gut Ding will Weile haben! Und nein, auch hier gibt es keine Abkürzung!

Zutaten

Teig 1

- *40 Gramm Roggenmehl (Vollkorn oder Type 960)*
- *7 Gramm Sauerteigansatz aus Roggenmehl, auch Roggensauer genannt*
- *25 Milliliter Wasser, etwa 40 Grad Celsius warm*

Zubereitung

Man gebe das Wasser in eine kleine Schüssel, füge den Sauerteig und das Roggenmehl hinzu und verknete alles mit den Händen zu einer Kugel. Die Schüssel mit der Kugel darin bedecke man mit Frischhaltefolie und lasse den Teig bei Zimmertemperatur 12 Stunden gehen.

Teig 2 (auch Poolish genannt)

- *60 Gramm Weizenmehl (Type 700)*
- *1 Gramm Trockenhefe*
- *60 Milliliter Wasser, etwa 50 Grad Celsius warm*

Zubereitung

Diesen Teig bereite man vor, sobald man Teig 1 zum Ruhen beiseitegestellt hat. Man löse die Trockenhefe in dem Wasser auf. Anschließend gebe man das Mehl hinzu und verrühre alles gut mit einem Löffel. Auch diesen breiigen Teig decke man mit Frischhaltefolie ab und lasse ihn ebenfalls 12 Stunden lang gehen, allerdings im Kühlschrank.

Teig 3 (Hauptteig)

- *275 Milliliter Wasser, etwa 50 Grad Celsius warm*
- *340 Gramm Weizenmehl (Type 700)*
- *15 Gramm Salz*
- *5 Gramm Trockenhefe*
- *Teig 1 und Teig 2*

Zubereitung

Man gebe das Wasser in eine große Rührschüssel, füge die Trockenhefe hinzu, brösele Teig 1 hinein, füge Teig 2 hinzu und verrühre alles mit einem Löffel und einer Gabel, bis keine Klumpen von Teig 1 mehr zurückbleiben. Nun gebe man das Weizenmehl und das Salz hinzu und verrühre alles gründlich, bis kein Mehl mehr am Rand und am Boden klebt. Diesen Teig decke man mit Frischhaltefolie ab und lasse ihn für 12 Stunden im Kühlschrank gehen.

Nun wärme man einen gusseisernen Topf samt Deckel 30 Minuten lang bei 250 Grad Celsius Ober-/Unterhitze vor. Man nehme den Teig aus dem Kühlschrank und dehne und falte ihn acht Mal. Nun nehme man mit Handschuhen und/oder Topflappen (Achtung, sehr heiß!) den gusseisernen Topf aus dem Ofen, stelle ihn auf einer hitzesicheren Unterlage ab, nehme den heißen Deckel ab und fette die Innenseite des Topfes vorsichtig mit Olivenöl (unter Zuhilfenahme eines hitzeresistenten Pinsels oder eines Stücks Küchenpapier). In diesen nun gefetteten Topf lege man den Teig mit der eingeschlagenen Seite nach unten, schließe den Topf nun wieder mit dem heißen Deckel und schiebe ihn für

30 Minuten bei 250 Grad Celsius ins untere Drittel des Backofens. Anschließend stürze man das Brot auf einen Rost und backe es weitere 15 Minuten bei 250 Grad Celsius ohne Topf. Danach lasse man es etwa 1 Stunde – oder länger – auskühlen. Erst nach dem Auskühlen anschneiden. Etwas kompliziert in der Herstellung, aber einfach himmlisch!

Die sehr hervorragende Schokoladendiät

Mit Erstaunen entdeckt der Kalif bei seinen Streifzügen durch die Bücherbasare seines Kalifenreichs viele Kochbücher, die sich mit Diäten und gesunder Ernährung befassen. Aus nahezu allen spricht der Wunsch, Körpergewicht zu verlieren und in Form zu kommen.

Der Kalif liebt Vollmilchschokolade (dunkle Schokolade weniger) und Marzipan, Punschkrapfen ohnehin, Küchlein und Kuchen, Törtchen und Torten. Aber all dies bringt ihn aus der Form.

Etwa zehn Kilogramm Schokolade isst jeder Kalifatling im Jahr, meldet das Kalifatische Statistikamt. Weniger ist vielleicht doch mehr, denkt der Kalif. Und er erfindet die sehr hervorragende Schokoladendiät.

Anfängern sei 1 Riegel Schokolade empfohlen (etwa 20 Gramm). Fortgeschrittene und Hartgesottene wählen 1 Stück Schokolade (etwa 5 Gramm). Man nehme die köstlichste, vorzüglichste, meistgeliebte Schokolade zwischen Zeigefinger und Daumen. Nun knabbere man ein winzig kleines Stück davon ab, lasse es so langsam wie möglich auf der Zunge zergehen und genieße den Geschmack.

Ziel ist es, ein klitzekleines Stück Schokolade so viel Geschmack wie möglich entfalten zu lassen. Erst wenn dieser Geschmack verhallt ist wie ein wohlklingender Akkord, nehme man ein neues – winziges – Stück Schokolade in den Mund. Man müsse, denkt der Kalif, die Zeit des Schokoladenkonsums nicht verkürzen, sondern könne sie auf diese Weise sogar verlängern. Gleichzeitig senke man die konsumierte Menge Schokolade pro Zeiteinheit drastisch. Man könne also, denkt er sich, wahrheitsgetreu behaupten: Ich esse viel länger Schokolade! Das ist natürlich etwas völlig anderes als: Ich esse viel mehr Schokolade!

Langer Rede kurzer Sinn: Diese Art des Schokoladenkonsums betreibe man so lange, bis man – und an dieser Stelle verzeihe man die derbe, aber passende Ausdrucksweise – die Schnauze voll habe von Schokolade. Das gelingt Anfängern, findet der Kalif heraus, bei disziplinierter Vorgehensweise auf die beschriebene Art mit einem Riegel/einem Stängchen/einem Rippchen/einer Reihe Schokolade; Fortgeschrittenen genügt schon ein Stück Schokolade, um genug zu haben. Trainierbar ist diese sehr hervorragende Schokoladendiät auch im Wettbewerb: Wer schafft es am längsten, von einem Stückchen Schokolade zu zehren?

Im Kalifat entstehen regelrechte Schokoladenwettessen, echte Schaukämpfe, bei denen es eben nicht darum geht, so viel Schokolade wie möglich zu vertilgen, sondern so lange wie möglich von einem Stück Schokolade zu zehren.

Und so sinkt der durchschnittliche Schokoladenverbrauch im Kalifat von zehn auf ein Kilogramm pro Kopf und Jahr. Dafür steigt die Qualität der Schokolade enorm an, da die Kalifatlinge nur noch exquisite Schokolade kaufen.

Diese Diät ist auch mit anderen Lebensmitteln durchführbar.

Puchheimer Zwiebelmettbrötchen

Süß und salzig, bitter und sauer – was wäre das Leben ohne Kontraste?, denkt sich der Kalif. Nach dem Verzehr eines Stückchens Schokolade überkommt ihn bei einer Reise nach Puchheim – Mun, das ehemalige München, ist ein Vorort von Puchheim – ein Jieper* auf ein Zwiebelmettbrötchen. Aber ach, Gott sei's geklagt, in Puchheim, einer ansonsten äußerst fortschrittlichen, weltoffenen Metropole, kennt man Zwiebelmettbrötchen nicht. Kaum ein Mensch weiß diese Köstlichkeit zu schätzen.

Mett ist, nun ja, rohes Schweinefleisch. Besonders beliebt ist es im Nordkalifat, wo manche es »Hackepeter« nennen, im Ruhrgebiet, wo es auch als »Arbeitermarmelade« bekannt ist, und in Thüringen, wo es »Thüringer Mett« heißt. Und weil es rohes Schweinefleisch ist, ist »Deutsches Sushi« auch eine passende Bezeichnung.

In Puchheim jedenfalls begibt der Kalif sich auf die Suche, fragt in Metzgereien und bei Gastwirten an, doch nie-

* Fußnote: Nordkalifatisch für Heißhunger.

mand kennt Zwiebelmettbrötchen. Sobald er beschreibt, was genau er sucht, erntet er nur mitleidige bis entsetzte Blicke.

Da erbarmen sich die Puchheimer Koranhändlerin und der Emir von Puchheim seiner. Die Koranhändlerin eilt zu einem Metzger, besorgt Fleisch – und bereitet mit Unterstützung des Emirs Mett zu. So entsteht das weltberühmte Puchheimer Zwiebelmettbrötchen.

Zutaten

- *500 Gramm Schweinefleisch, am besten Bauch, durchwachsen, und Schulter oder Nacken*
- *9 Gramm Salz*
- *2 bis 3 Gramm Pfeffer, weiß und schwarz oder was eben da ist*
- *reichlich Oregano oder Majoran*
- *1 Knoblauchzehe*
- *gute Brötchen/Schrippen/Semmeln/Wecken*
- *Butter*
- *Zwiebeln*

Zubereitung

Man drehe das Fleisch durch den Fleischwolf – oder kaufe es gleich durch den Fleischwolf gedreht beim Metzger/Schlachter/Fleischhauer. Am besten sage man dem Metzger, wofür man es brauche, nämlich dass es roh verzehrt werde, damit besonders hohe hygienische Standards eingehalten werden.

Man vermenge das Hackfleisch mit Salz, Pfeffer und Oregano und/oder Majoran und mische eine zerdrückte Knoblauchzehe dazu. Fertig ist das Puchheimer Mett.

Nun bestreiche man eine Brötchenhälfte mit Butter – der Kalif findet, unter Zwiebelmett gehört Butter! – und lade anschließend dick Mett drauf. Man schneide eine Zwiebel in dünne Scheiben oder hacke sie fein und gebe die Zwiebelscheiben oder -stücke reichlich auf das Mettbrötchen. Je nach Geschmack würze man mit Salz und Pfeffer. Wer mag – und eigentlich sind das nur Banausen –, gebe noch Petersilie darauf.

Der Kalif liebt Zwiebelmettbrötchen! Und nach zwei Auseinandersetzungen hatte er beschlossen, dass es respektlos sei, nicht »Möge er immer Zwiebelmettbrötchen in rauen Mengen zur Verfügung haben!« zu sagen, wenn man ihn anrede.*

* Dem Kalifen wurde vorgehalten, ein bestimmtes Wort ausgesprochen zu haben; dabei hatte er niemanden beschimpft, niemanden mit dem Wort bezeichnet, sondern es in einer sachlichen Diskussion über Sprache angeführt, was ihm übelste Beschimpfungen einbrachte. Am gleichen Tag hielt ihm ein religiöser Muslim vor, der Kalif sage nicht »Möge er in Frieden ruhen«, wenn er »Prophet Mohammed« sage, und das sei respektlos und beleidigend.

Die große Zwiebelmettbrötchenspaltung

Und es geschah, dass Kalifatlinge sich empörten über die Liebe des Kalifen zum Zwiebelmettbrötchen. Sie brachten unterschiedliche Vorwürfe vor. Zwiebelmett verursache einen üblen oralen Odeur! Es sei, da rohes Fleisch, unappetitlich! Es sei der Gesundheit keineswegs zuträglich (Herzerkrankungen! Salmonellengefahr! Und so weiter!)! Es müssten Tiere dafür sterben!

Der Kalif nahm sich die Worte seiner Kalifatlinge sehr zu Herzen. »Was tun wir nur?«, fragte er seinen Leibkoch. Der schüttelte ratlos den Kopf und wurde ganz traurig.

Da erbaten Kalif und Leibkoch von den Kalifatlingen ein Rezept für veganes Mett, und die Kalifatlinge schickten ihm dieses hier.

Zutaten

- *100 Gramm Reiswaffeln*
- *300 Milliliter Wasser*
- *2 Zwiebeln*

- *1 Knoblauchzehe*
- *4 Esslöffel Tomatenmark*
- *1 Esslöffel Olivenöl*
- *Salz und Pfeffer nach Geschmack*
- *weitere Gewürze nach Geschmack*

Zubereitung

Man zerbrösele die Reiswaffeln in eine Schüssel, gebe das Wasser dazu, verrühre alles gut und lasse die Masse etwa 10 Minuten lang stehen, damit die Reiswaffelbrösel das Wasser aufnehmen. Dann füge man das Tomatenmark, die sehr fein gehackten Zwiebeln, die zerdrückte Knoblauchzehe und das Olivenöl hinzu. Sollten sich Klumpen bilden, zerdrücke man sie mit einer Gabel. Nun würze man die Masse kräftig mit Salz und Pfeffer, je nach Geschmack. Um einen möglichst originalen Mettgeschmack zu erzielen, kann man nun experimentieren und Knoblauchpulver, Paprikapulver, auch geräuchertes Paprikapulver, Rauchsalz, Chilipulver und Sojasauce hinzugeben, außerdem Oregano und/oder Majoran.

Kalif und Leibkoch experimentierten lange herum, und der Kalif dachte, veganes Mett sei wie Kampfyoga oder wie Tofuwurst, aber egal, und das vegane Zwiebelmett gelang ihnen ganz passabel. Nur an echtes Mett reichte es nicht heran. Die Ausgaben für die kalifatische Mettforschung wurden daher drastisch erhöht, Institute für Mettologie im ganzen Lande gegründet. Die Arbeiten dauern an, und Kalif, Leibkoch und Wissenschaftler sind froh über Tipps und Vorschläge aus der Bevölkerung.

Die Bevölkerung jedoch war fortan gespalten in jene, die Zwiebelmettbrötchen essen, und jene, die vegane Zwiebelmettbrötchen essen.

Die wundersame Zwiebelheilung

Eines Tages litt der Kalif unter Husten und Schnupfen. Sein Kopf dröhnte und ihm war gar nicht wohl. Der Leibkoch hatte gerade Urlaub. Also beschloss der Kalif, in die Küche zu gehen und sich selbst ein köstliches Zwiebelmettbrötchen herzurichten. Doch kaum hatte er die Zwiebel fein gehackt, hämmerte es wieder in seinem Kopf. Er brach die Zwiebelmettzubereitung ab und beschloss, ohne Essen ins Bett zu gehen. In seinem Elend nahm er, fast schon halluzinierend, den Teller mit den gehackten Zwiebeln in sein Schlafgemach mit und stellte ihn auf seinem Nachtschränkchen neben dem Bett ab. Hustend und keuchend schlief er ein. Als er am nächsten Morgen nach erholsamem Schlaf erwachte – war das Kratzen im Hals verschwunden, die Nase wieder frei! Das Zimmer roch zwar streng nach Zwiebel, aber die ätherischen Öle hatten ihn geheilt! Er ließ die Wirkung von den besten kalifatischen Medizinern untersuchen, die bestätigten: Gehackte Zwiebeln neben dem Bett wirken Wunder! Und so erzählte man sich im Kalifat die Geschichte von der wundersamen Zwiebelheilung:

Man schneide, bevor man zu schlafen gedenke, eine

möglichst frische Zwiebel in grobe Stücke und gebe sie auf eine Untertasse oder in eine Schale. So stelle man sie auf den Nachttisch oder auf den Boden neben dem Bett, möglichst in Nähe des Kopfes. Dort soll sie ihren Duft verströmen. Auch wenn der Kalif nicht an Hokuspokus glaubt – die Zwiebel wirkt Wunder!* Der Husten, der Schnupfen, das Halskratzen – weg, Alhamdulillah!

Man berichtete dem Kalifen jüngst, ähnlich wundersame Werke vermöge auch die Zitrone zu verrichten. Da sich der Kalif in der letzten Zeit – Allah sei es gedankt – bester Gesundheit erfreut, hat er diese Kunde noch nicht selbst verifizieren können. Nachdem die Zitrone aber, wie wir eingangs hörten, den Ruf hat, eine heilige Frucht zu sein, ist der Kalif mehr als gewillt, ihr auch diese Kräfte zuzutrauen und hegt bei derzeitigem Erfahrungshorizonte keinerlei begründete Zweifel an der Richtigkeit dieser Botschaft. Sofern es den Kalifatlingen beliebe, mögen sie dem Zauber nachgehen, eine Zitrone aufschneiden, vierteln und neben das Bett stellen – je nach Stärkegrad der Symptome mag sich eine Kombination der beiden Wundermittel empfehlen. Dass sich deren Wirkungen gegenseitig aufheben, ist nicht zu befürchten. Der Kalif und sein Leibarzt sind hier aber dankbar für Forschungsberichte.

* Jedenfalls manchmal.

Teetirade

Ah! Wie sehr kann ein feines Tässchen Tee erfrischen! Der Duft! Die Hitze! Die Aromen! Die Farben! Die Geister weckenden Kräfte!

Bei seinen Reisen durch sein großes Reich allerdings stellt der Kalif fest, dass sehr viele Menschen in den Gebieten, die ehemals Deutschland und Österreich waren, keinen Tee zubereiten können. Sie bemühen sich redlich um guten Kaffee – und bekommen ihn hier und da auch hin –, kaufen teuerste Maschinen dafür, befassen sich mit der Röstung und dem Mahlen der Bohnen, lernen die unterschiedlichen Sorten kennen und zelebrieren das Kaffeekochen auf unterschiedliche Art und Weise: Die einen schwören (wieder) auf Filterkaffee aus der guten alten Kaffeemaschine, andere brühen ihn von Hand auf, wieder andere setzen auf die Presskanne (»French Press« geht gar nicht, findet der Kalif, das Ding heißt ab sofort Kalifati Press), wieder andere trinken nur Espresso beziehungsweise Mokka und akzeptieren ausschließlich den Espressokocher für den Herd, manche lassen sich auf Maschinen mit völlig überteuerten Kapseln ein, und wer ganz viel auf sich hält, kauft eine Tausende Euro teure Siebträgermaschine, deren größte Leistung darin besteht, gut auszusehen, und bildet sich ein, Barista zu sein.

Im Wiener Kalifat, stellt der Kalif fest, sind sie völlig durchgedreht, haben wunderschöne Kaffeehäuser gebaut, wo sie 1001 Kaffeezubereitungen anbieten – wahre Tempel, in denen diesem Gebräu gehuldigt wird. Und die verrücktesten Namen haben sie dafür erfunden: »Kleiner Brauner«, »Großer Brauner«, »Verlängerter«, »Wiener Melange«, »Franziskaner«, »Einspänner«, »Häferlkaffee«, »Mozartkaffee«, »Fiaker« und so weiter.

Aber Tee zubereiten kann kaum jemand!

Da werden Teeblätter in ein Tee-Ei, EIN TEE-EI!!! FREVEL!!! SCHANDE!!! BLITZ UND DONNER!!! gepfercht, ein metallenes Gefängnis für kostbaren Tee, und in lauwarmes, LAUWARMES!!! Wasser gehalten, und die Leute glauben, das sei Tee!

Unfassbar!

Oder sie tun den Tee in papierne Täschchen, manchmal ist ein Faden drangetackert, und dann halten sie dieses Ding ins Wasser. Teebeutel nennen sie das. TEEBEUTEL!!!* In der Gastronomie wird einem eine Tasse mit Wasser und einem Teebeutel daneben hingestellt – das Wasser ist oft schon viel zu kalt, um alle Geschmacks- und Wirkstoffe aus dem Tee zu lösen; oder der Beutel hängt schon in der

* Wobei, das muss der Kalif einräumen, es da Teebeutel von beachtlicher Qualität gibt. Teebeutel, stellt er fest, sind nicht grundsätzlich abzulehnen.

Tasse oder in der Kanne, aber niemand kann mehr sagen, wie lange er sich schon darin befindet.

Tee braucht Freiheit! Tee braucht die richtige Ziehzeit! Tee braucht die korrekte Temperatur! Aber es ist alles nicht so kompliziert! Es geht ja nicht darum, jedes Mal eine Teezeremonie vom Ausmaß eines Staatsaktes zu vollziehen. Der Kalif möchte, dass jeder Kalifatling die grundlegenden Dinge über Teezubereitung weiß!

Schwarzer Tee möge mit sprudelnd kochendem Wasser übergossen werden.

Kräutertee auch.

Grüner Tee möge mit Wasser übergossen werden, das seit etwa einer halben Minute nicht mehr siedet, also ein kleines bisschen abgekühlt ist.

Schwarzer und grüner Tee enthalten Teein, wirken also als Wachmacher. Bei einer Ziehzeit von bis zu 3 Minuten wird Teein gelöst, der Tee wirkt anregend. Zieht er länger als 3 Minuten, wirkt Tee eher beruhigend, schmeckt dafür aber auch bitterer.

Kräuter- und Früchtetees enthalten kein Teein, sie können also ruhig fünf, 6 Minuten oder länger ziehen. Je länger sie ziehen, desto geschmacksintensiver werden sie – und manche auch bitterer. Man muss es also ausprobieren.

Ziehen heißt: Die Teeblätter schweben möglichst frei im Wasser. Idealerweise also eine Teekanne mit heißem Wasser ausspülen (dann bleibt der Tee länger heiß), losen Tee in diese Kanne geben, mit heißem Wasser aufgießen, Tee ziehen lassen. Dann durch ein Sieb in eine zweite Kanne oder direkt in Tassen oder Becher gießen.

Wem das zu umständlich ist, der verwende, in Allahs Namen, einen Teebeutel. Es gibt welche, die man mit losem Tee befüllen kann. Grundregel: etwa ein Teelöffel Tee pro Tasse – plus ein weiterer Teelöffel Tee für die Kanne. Auch bei der Menge gilt: ausprobieren!

Der Tee aller Tees: Masala Chai

Des Kalifen liebster Tee, von dem er täglich mindestens drei Tässchen – und meistens mehr – benötigt, ist Masala Chai. Er trinkt ihn zu jeder Tages- und Nachtzeit und übers ganze Jahr, am liebsten draußen sitzend, unter freiem Himmel, und über die Welt sinnierend. Bei Kälte wärmt Masala Chai mit seiner Schärfe und seiner Süße von innen, bei Hitze sorgt er für Kühlung – aufgrund desselben Phänomens wird in manchen heißen Regionen ja auch besonders scharf gegessen. Außerdem sorgt dieser charaktervolle Tee für geistige Höhenflüge. Chai bedeutet, wie gesagt, Tee, Masala heißt Gewürz. Masala Chai ist also Gewürztee. Es gibt 1001 Rezepte dafür, mit den unterschiedlichsten Gewürzen. Die hier dargestellte ist eine Standardvariante, und zwar die, die der Kalif am liebsten mag.

Zutaten

- *750 Milliliter Wasser*
- *250 Milliliter Milch*
- *5 Teelöffel schwarzer Tee – besser eine stärkere Sorte wie Assam; wer es milder mag, nehme eine entsprechend mildere Sorte wie Darjeeling*
- *5 Teelöffel Zucker*
- *etwa 25 Gramm frischer Ingwer*
- *zwei bis drei grüne Kardamomkapseln*

Zubereitung

Man schäle den Ingwer und hacke ihn fein. Die Kardamomkapseln zerdrücke man, damit sie ihr Aroma besser entfalten. Nun gebe man das kalte Wasser in einen Topf oder einen Kessel, füge die Ingwerstückchen und den zerstampften Kardamom hinzu und bringe das Ganze zum Kochen. Man lasse dies etwa 5 Minuten sieden, bis das Wasser eine leicht gelbe Farbe angenommen hat. Nun füge man den Tee sowie den Zucker hinzu – man kann auch weniger oder mehr Zucker nehmen, üblicherweise trinkt man diesen Tee süß, also sehr, sehr süß … –, rühre kurz um und lasse alles etwa 3 Minuten köcheln. Anschließend schalte man den Herd ab und lasse das Gebräu bei geschlossenem Deckel weitere 3 Minuten ziehen. Nun füge man die Milch hinzu und lasse den Tee noch einmal aufkochen. Der Tee ist jetzt fertig. Man gieße ihn durch ein Sieb in eine Kanne oder gleich in Becher, Tassen oder feine Gläschen und genieße ihn möglichst heiß.

Zusätzlich zu den Gewürzen Ingwer und Kardamom können auch Zimt, Gewürznelken, Muskat, Koriander und anderes hinzugefügt werden – der Experimentierfreude sei freier Lauf gelassen. Viele Familien im Kalifat haben ihre eigenen Gewürzmischungen. Der Kalif aber schätzt, wie gesagt, vor allem die einfache Variante nur mit Ingwer und Kardamom.

Keine Ode an die Mango

An dieser Stelle hätte eine Ode an die Mango stehen sollen, eine Huldigung dieser göttlichen Frucht, eine Lobpreisung dieser uns von der Natur geschenkten Köstlichkeit, eine Anbetung dieser Königin aller Gewächse. Denn nichts mundet dem Kalifen so sehr wie eine süße, saftige, reife Mango. Der Mangobaum ist eine tropische Pflanze, was der Kalif insofern bedauert, als sie in seinem Kalifat so gut wie nicht wächst. Die Frucht dieses Baumes muss also importiert werden. Mangos, hat ihm sein Leibkoch gesagt, wachsen in vielen Ländern in Asien, Südamerika und Afrika, dort, wo sie Wärme und Licht bekommen. Mehr als 1000 Sorten soll es inzwischen geben, süße und säuerliche, harte und weiche, rote, grüne, gelbe, große und kleine. Die allerbesten, hat der Kalif auf seinen weltweiten Erkundungsreisen herausgefunden, kommen aus Südasien. Es gibt sehr teure Sorten, manche kosten viele Hundert Euro pro Kilogramm, die besten sind aber seiner Ansicht nach welche, die gar nicht so exklusiv sind: Alphonso und Sindhri, Anwar Ratol und Chaunsa, um nur ein paar zu nennen. Wer nie eine davon gekostet hat, sagt der Kalif, der hat etwas Wesentliches verpasst im Leben. Nur gestaltet sich der Import schwierig, denn Mangos sind druckempfindlich. Sie sind sensible Früchtchen. Und dann kommt noch hinzu, dass sie nach der Ernte reifen, und wenn sie überreif sind, riechen sie übel. Sie also zu importieren, ohne dass sie Schaden nehmen, und so, dass sie zum richtigen Zeitpunkt am Zielort sind, nämlich auf dem Teller des Verspeisers, ist durchaus ein Akt. Am besten geht das in speziellen Kisten, transportiert im Flugzeug – nicht gerade umweltfreundlich. Ein Dilemma.

An dieser Stelle also hätte etwas stehen sollen, das die Mango zum Kult erhebt.

Dann las der Kalif, dass der einstige chinesische Staatspräsident Mao Zedong einen solchen Kult ausgelöst hatte. Mao, Mitbegründer der Kommunistischen Partei Chinas, der fortan der »Große Vorsitzende« genannt wurde, hatte 1966 die »chinesische Kulturrevolution« ausgerufen. Damit begann in China ein Jahrzehnt des Folterns und Mordens. Derselbe Mao hatte, aufgrund seiner vorherigen Politik in den Fünfzigerjahren, Millionen von Hungertoten in China zu verantworten. Jetzt, in den Sechzigerjahren, überzogen ihm treu ergebene Studentengruppen, die sich »Rote Garden« nannten, das Land mit Terror und Gewalt gegen Andersdenkende. Intellektuelle wurden verfolgt, Kultureinrichtungen zerstört, Kritiker eingeschüchtert. Ausgerechnet diesem Mann brachte der pakistanische Außenminister Mian Arshad Hussain 1968 eine Kiste Mangos als Gastgeschenk mit. Mao schenkte die Früchte, die man in China damals kaum kannte, an einen treuen Arbeitertrupp weiter. Was dann geschah, beschreibt die Parteizeitung »Renmin Ribao« so: »Menschen versammelten sich sofort um das Geschenk. Sie schrien begeistert und sangen voll wilder Leidenschaft. Tränen füllten ihre Augen, und wieder und wieder wünschten sie aufrichtig, dass unser allerliebster Großer Führer und Vorsitzender Mao 10 000 Jahre unbegrenzt leben möge, 10 000 Jahre und noch einmal 10 000 Jahre. Sie riefen ihre Arbeitsbrigaden an, um die frohe Kunde zu verbreiten; und sie organisierten alle Arten festlicher Aktivitäten die ganze Nacht hindurch.« Die Mango wurde zum Symbol von Maos Liebe zu seinem Volk. Geschirr, Tischdecken und Bettwäsche wurden mit Mangos verziert, es gab Mangoseife, Mangozigaretten, Schmuck in Form von Mangos. Künstler formten Mangoskulpturen und malten Mangogemälde, und die von Mao verschenkten Mangos wurden in Formaldehyd eingelegt, durchs Land geschickt und von Millionen von Menschen angebetet.

Wie bekloppt, dachte der Kalif. Was für ein bescheuerter Kult! Obwohl die Mango ja verdient hat, verehrt zu werden.

Daher nur ein Tipp, wie eine Mango richtig zu verzehren ist, außerdem zwei sehr einfache Rezepte.

Man ziehe sich eine Badehose, einen Badeanzug oder einen Bikini an. Dann setze man sich mit einer reifen Mango in die Badewanne. (Eine reife Mango erkennt man daran, dass sie nicht zu weich und nicht zu fest ist; auf Druck gibt sie leicht nach, sie duftet, und man spürt förmlich, wie sie prall gefüllt ist von Saft und Fruchtfleisch.)

Dort knete man die Mango, damit das Fruchtfleisch sich vom Kern löst und mit dem Saft vermischt. Es entsteht sozusagen ein Mangobrei in der Mango. Achtung! Nicht zu fest kneten! Die Frucht kann platzen! Sollte das geschehen, ist es aber nicht so schlimm, dazu sitzt man ja in Bademode in der Badewanne. Hat man die Mango 2, 3 Minuten geknetet und fühlt sie sich an wie ein Wassersäckchen, entfernt man den Nöpsel, also den Rest des Stiels, saugt an dem entstandenen Loch und drückt gleichzeitig den Fruchtinhalt hoch. Saugen und drücken. Diesen Vorgang wiederholt man mit so vielen Mangos, wie man essen mag.

Es geht auch am Tisch in der Kleidung der eigenen Wahl, aber man sei sich des Tropfens und der Explosionsgefahr bewusst.

Mango, eisgekühlt

Eis muss nicht ungesund sein, sondern kann tatsächlich zu hundert Prozent aus Frucht bestehen. Kein zusätzliches Wasser, keine Milch, keine Sahne, schon gar kein weiterer Zucker – die Frucht allein ist süß genug! Und wo sollte das zutreffen, wenn nicht bei der Mango? Dies, denkt der Kalif, ist das weltbeste Eis, nämlich: Mangosorbet.

Zutaten

- *1 reife Mango (oder mehr, je nachdem, wie viel man zubereiten möchte)*

Zubereitung

Man schäle die Mango und schneide das Fruchtfleisch vom Stein in eine Schüssel. Darin püriere man das Fruchtfleisch mit dem Pürierstab oder im Mixer fein. Anschließend stelle man das Püree in einem gefrierfesten Behälter für circa 6 Stunden ins Tiefkühlfach oder in die Gefriertruhe. Jede Stunde nehme man den Behälter kurz heraus und rühre die Masse mit einer Gabel grob durch. So entsteht ein cremiges Sorbet – fantastisch! Nach etwa 6 Stunden ist es fertig und kann serviert werden.

Kalifatische Weisheit: Echte Kühlung kommt von innen!

Lass sie Lassi trinken!

Eine alte kalifatische Weisheit lautet: Echte Kühlung kommt von innen. An heißen Tagen, aber auch an allen anderen Tagen sollen die Kalifatlinge Mangolassi trinken! Denn nichts schmeckt köstlicher, erfrischender, himmlischer als Mangolassi! Und als der Kalif wieder einmal Mangolassi trank, erhob er es spontan zum kalifatischen Nationalgetränk!*

* Mit Nationalgetränken kann man es allerdings auch übertreiben. Der türkische Autokrat Recep Tayyip Erdoğan erklärte 2013 das Joghurtgetränk Ayran zum Nationalgetränk. Sein Ziel war, dass die Menschen mehr Ayran und dafür weniger Rakı, Anisschnaps, tränken. Prinzipiell kein schlechter Ansatz. Als 2015 die türkische Teefirma Çaykur für ihren Eistee mit dem Spruch »Ich habe Ayran getrunken, das hat mich einschlafen lassen« warb, wurde sie zu einer Geldstrafe in Höhe von umgerechnet 70 000 Euro verdonnert. Die Firma habe Ayran »grundlos beleidigt«, außerdem gehe von dieser Werbung die Botschaft aus, die Menschen sollten weniger Ayran trinken, lautete die Begründung. Bekloppt!, findet der Kalif.

Zutaten für 3 bis 4 Gläser

- *250 Gramm Mangopüree aus der Dose*
- *250 Gramm cremiger Naturjoghurt*
- *250 Milliliter Milch*

Zubereitung

Man gebe alle – am besten im Kühlschrank gut gekühlten – Zutaten in einen Mixer und mixe gründlich. Oder gebe sie in eine Rührschüssel und mixe sie darin mit dem Handrührgerät, das geht auch. Fertig! Wem das Mangolassi zu dick ist, gebe noch ein wenig Milch dazu. Wem es zu flüssig ist, der erhöhe den Anteil des Joghurts. Und wem es zu milchig ist, der verdünne mit ein wenig kaltem Wasser. In Gläsern servieren, eventuell Eiswürfel dazu und mit einem Pfefferminzblatt schmücken. Mmmhh!

Lass sie Lassi salzig machen!

Und die Menschen feierten den Kalifen für seine »Mangolassi für alle!«-Politik. Aber es erhob sich auch ein Geschrei unter den Kalifatlingen. »Ihr immer mit Euren süßen Speisen!«, warfen sie dem Kalifen vor. »Wir wollen mehr Salziges!« Andere fanden, durch die Mango komme der Joghurtgeschmack nicht mehr zum Tragen. Und die Reiter des Kalifen wollten schon losziehen und die Krawallmacher vertreiben, aber der Kalif hielt sie zurück. »Lasst sie!«, rief er. »Sie haben einen Punkt! Warum soll nicht auch das Salzige zu seinem Recht kommen?« Und er beauftragte seinen Leibkoch, eine salzige Variante von Lassi zu kreieren. Dieser tat wie ihm geheißen und erfand folgendes Getränk, das später, in Varianten, als Ayran, Tan und Dugh, bekannt wurde:

Zutaten

- *400 Gramm cremiger Naturjoghurt*
- *600 Milliliter kaltes Wasser*
- *1/2 Teelöffel Salz*

Zubereitung

Man gebe Joghurt, Wasser und Salz in einen Behälter und schlage die Zutaten mit dem Schneebesen oder einem Handmixer, bis sich leichter Schaum bildet. Fertig. Wer mag, gebe frische Minze und/oder Basilikumblätter und/oder Dill und/oder Zitronensaft und/oder Gurkenstückchen und/oder Pfeffer und/oder Chilipulver dazu.

Man kann auch statt Salz Zucker nehmen und eine süße Variante herstellen. Oder, statt des Mangopürees im Nationalgetränk, verschiedene andere Fruchtpürees dazugeben. Aber die Kalifatlinge wollen ja eine salzige Alternative zum Nationalgetränk.

Kalifatische Weisheit: Gut kochen zu können ist besser, als gut schreiben zu können.*

* Denn Buchstaben kann man im Zweifel nicht essen.

Moral und gebackene Bananen

Der Kalif liest einen Artikel über die Gefahr für die Gesundheit, die von Zucker ausgehe. Zucker verursache nicht nur Übergewicht und Diabetes, sondern sei für eine Reihe weiterer Krankheiten verantwortlich, liest er. Er klickt auf die nächste Schlagzeile und stößt auf einen Artikel, wonach Alkohol weitaus gefährlicher sei als bislang angenommen. Auf Alkohol solle man am besten ganz verzichten, heißt es da. Der Kalif blickt seufzend auf seinen Punschkrapfen, nimmt einen Bissen und klickt weiter. Nun stößt er auf einen Text, der davon berichtet, wie schädlich Fleischkonsum sei.

»Ja, Himmel Herrgott Sakra! Das gibt's doch nicht!«, ruft er empört. »Smutje!* Komm mal her!«

Der Leibkoch kommt angerannt. »Was gibt's, Chef? Appetit auf etwas Bestimmtes?«

»Na, der soll mir offensichtlich gründlich vergehen! Ich

* Smut oder Smutje ist die Bezeichnung für einen Koch an Bord eines Schiffes, und da der Kalif maritime Sprache liebt, nennt er seinen Leibkoch gelegentlich Smutje.

lese hier gerade verschiedene Artikel, in denen beschrieben wird, was man alles nicht essen soll. Ja, sind die Leute denn alle verrückt geworden?«

Der Leibkoch kratzt sich an seinem dicken Bauch. »Also, so pauschal würde ich das nicht sagen. Aber hier und da mag die Aussage Eurer Heiligkeit sicher zutreffen.« Als der Kalif nicht reagiert, fragt der Leibkoch: »Zeigt doch mal, was Ihr gelesen habt!« Der Kalif reicht ihm die Texte über Zucker, Alkohol und Fleisch. Der Leibkoch liest, kratzt sich wieder am Bauch und sagt: »Nun, so ganz unrecht haben die Verfasser ja nicht. Sie …«

Der Kalif unterbricht ihn. »Das fing schon mit Adam und Eva an: ›Iss diese Frucht nicht, sonst fliegst du aus dem Paradies!‹ Dieser Hang, den Leuten vorzuschreiben, was sie essen dürfen und was nicht, scheint sich in den Genen festgesetzt zu haben!«

»Aber Euer Ehren, es schreibt Euch doch niemand etwas vor!«

»Na gut, dann formuliere ich es so: Die Lust, Essen mit Moral zu verbinden, ist ungebrochen!«

»Ja und nein!«, sagt der Leibkoch nun mit fester Stimme, denn hier kennt er sich aus. »Meist geht's heutzutage ja um Gesundheit, nicht um Moral. Aber schon immer haben Menschen Essen und Moral zusammengebracht, in allen Kulturen. Manches ist, aus unserer heutigen kalifatischen Sicht, unsinnig, manches wiederum ergibt Sinn.«

»Wo siehst du da bitte Sinn?«, schimpft der Kalif.

»Nun, zu viel Zucker ist in der Tat ungesund!«, sagt der Leibkoch.

»Ja, das mit der Gesundheit verstehe ich, und was ist nicht ungesund, wenn man sich zu viel davon einverleibt? Natürlich trifft das auf Süßigkeiten genauso zu wie auf Alkohol oder Fleisch oder alle möglichen anderen Lebensmittel. Aber noch nerviger sind moralisch begründete Verbote!«

Der Leibkoch grübelt. »Natürlich ist ein Zuviel ungesund, fast egal, wovon. Aber kommen wir zur Moral: Es geht heutzutage vor allem darum, so zu leben, zu konsumieren, also: auch zu essen, dass wir keinen Schaden anrichten. Nicht an Menschen, nicht an Tieren, nicht an der Umwelt. Essen ist also irgendwie nicht mehr ausschließlich Privatsache, sondern durch die tägliche Wahl unserer Lebensmittel entscheiden wir über die Lebensbedingungen vieler Menschen und Tiere. Mit jeder Mahlzeit treffen wir eine Wahl, mit der wir die Welt zu einem besseren Ort gestalten oder nicht.«

Der Kalif hört dem Leibkoch aufmerksam zu. Er lässt sich nicht anmerken, ob er ihm zustimmt oder an dessen Worten zweifelt.

Der Leibkoch spricht weiter. »Schaut, Eure Heiligkeit, wenn wir Fleisch essen, bedeutet das, dass ein Tier dafür sterben muss und …«

»So ist die Natur: Fressen und gefressen werden«, wirft der Kalif ein.

»… vielen Menschen ist das gar nicht klar, dass ein Tier getötet werden musste. Fleisch essen ist also immer auch irgendwie Gewalt.«

»Das Leben ist hart und endet immer tödlich.«

»Ach, Kalif!«

»Nein, nicht ›Ach Kalif!‹ Ich verstehe ja, was du sagst. Ich weiß, wie Tiere in Fabriken gehalten werden. Unwürdig! Dass sie nicht als Lebewesen gesehen werden, die auch fühlen, leiden, spüren.«

»Und was sind Eure Schlussfolgerungen, werter Kalif?«

»Dass man bewusster mit Lebensmitteln umgehen soll. Dass man natürlich darauf achtet, wie das Fleisch, das man kauft, produziert wird. Dass man respektvoll mit Tieren umgeht. Aber nicht unbedingt sentimental. Dass man auf angemessene Haltung pocht und dafür auch bezahlt und eben seltener Fleisch isst. Aber doch nicht, dass man Fleisch zum Tabu erklärt und so tut, als wäre jeder, der sich nicht an diese …« Er tut sich schwer, das richtige Wort zu finden. »… Ideologie hält, gleich wie ein Blasphemist zu behandeln! Es geht ja mittlerweile so weit, dass Leute versuchen, ihre Hunde und Katzen vegetarisch zu ernähren! Es geht ihnen darum, dass kein Tier mehr sein Leben dafür lassen soll, zu Futter zu werden. Weder für uns Menschen noch für ein anderes Tier. Dieser Logik zufolge müssten wir alles daransetzen, auch Löwen, Tiger, Leoparden, Geparde, Hyänen, Haie, Pirhanas, Krododile, Schlangen und was weiß ich nicht alles zu Pflanzenfressern umzuerziehen.«

Der Leibkoch nickt.

»Schau«, sagt der Kalif nun in versöhnlicherem Ton, »ich teile den kritischen Blick auf den überbordenden Fleischkonsum, darauf, dass jeder und jede meint, jeden Tag Fleisch auf dem Teller haben zu müssen, dass es aber bloß nichts kosten darf. Und es geht ja noch weiter: Auch andere Lebensmittel sollen immer billiger werden, gleichzeitig heißt es, alles soll bio und natürlich und frisch und im Einklang mit der Natur produziert werden, ja nicht künstlich aus dem Labor oder aus der Fabrik kommen. Wie soll das alles zusammenpassen? Klar, wir müssen einerseits viel mehr auf Qualität achten, weil das gut für uns ist, aber auch für die Umwelt. Andererseits wächst die Zahl der Menschen auf der Welt, immer mehr Münder wollen gefüttert werden. Das ist ein Dilemma! Sollen also nur die Reichen gute, natürlich hergestellte Biolebensmittel bekommen, und für die armen Massen bleibt billiges, massenproduziertes Zeug? Und wenn wir über artgerechte Haltung und glücklich lebende Tiere reden, bedeutet das, dass Fleisch sehr viel teurer werden wird. Sollen sich nur noch die Wohlhabenden Fleisch leisten können? Die werden ihren Konsum im Zweifel nicht reduzieren. Arme Menschen werden hingegen zum Verzicht auf Fleisch gezwungen.«

»Alle könnten gänzlich auf Fleisch verzichten, auch wenn ich das nicht gutheiße«, versucht der Leibkoch, eine Lösung vorzuschlagen.

»Das ist doch eine sehr merkwürdige Logik, Smutje! Das mag vielleicht die Fleischfrage lösen, aber doch nicht generell die Ungerechtigkeiten und Ungleichheiten beim Essen. Und was Verzicht auf Fleisch angeht: Wer Vegetarier oder Veganer ist, weil er oder sie einen Ekel vor Fleisch verspürt – okay. Wer sich für diese Ernährungs- und Lebensweise entscheidet, weil er oder sie der Umwelt helfen möchte – ebenfalls einverstanden. Und dass man für diesen Weg wirbt – auch in Ordnung. Aber wer andere, die diesen Weg nicht gehen, beschimpft, bepöbelt, ausgrenzt, als Feinde brandmarkt, der überschreitet eine Grenze! Dann wird das Ganze zu einer inakzeptablen Ideologie! Wo soll das aufhören? Das ist wie mit religiösen Speisevorschriften, von deren Einhaltung es abhängt, ob du dazugehörst oder nicht, ob du gläubig bist oder nicht, ob du gut bist oder schlecht. Von Menschen erschaffene Kriterien, um andere Menschen auszugrenzen! Iss nicht von dieser Frucht der Erkenntnis! Es geht einzig und allein darum, Menschen auf die Probe zu stellen. Außerdem sind viele Regeln einfach nicht sinnvoll. Oder willkürlich. Der christliche Missionar Bonifatius erhielt im Jahr 751 nach Christi Geburt die Nachricht von Papst Zacharias, die Menschen sollten keine Dohlen, Krähen, Störche, Biber, Hasen und Wildpferde essen. Alles klar, die stünden jetzt eh nicht auf unserem Speiseplan, nicht wahr, Leibkoch? Aber warum ausgerechnet diese Tiere? Das ist Willkür! Oder nehmen wir die sogenannten Frutarier, die ausschließlich von Pflanzen leben, aber auch Pflanzen das Recht auf Leben zusprechen und sich deshalb nur so ernähren, dass die Pflanzen keinen Schaden nehmen. Also Obst, Nüsse, Samen dürfen verzehrt werden. Aber Wurzeln, Blätter, Knollen, die ganze Pflanze selbst sind tabu. Manche gehen sogar so weit, dass sie nur Obst essen, das von alleine vom Baum gefallen ist. Fehlt nur noch, dass jemand fordert, man solle nur noch

Fleisch von natürlich verendeten Tieren essen! Aas sozusagen. Das ist doch …«

Der Kalif hat sich in Rage geredet, er wirkt erschöpft.

»Aber Kalif, das ist doch eine verschwindend kleine Minderheit, die so tickt!«

»Aus Minderheiten können Mehrheiten werden! Und es geht schon auch darum, den Rahmen abzustecken. Da muss man sich die Extreme genau ansehen. Wenn wir unsere Frutarier-Freunde betrachten, stellen wir fest: Die brauchen nach Ansicht von Medizinern und Ernährungswissenschaftlern lauter Zusatzpräparate, weil sie mit ihrer Ernährung nicht genügend Vitamine, Eisen, Jod, Kalzium, Zink und so weiter zu sich nehmen! Das zeigt, dass wir Menschen für diese Art der Ernährung nicht gemacht sind.«

»In der heutigen Zeit ist das doch gar kein Problem. Es gibt ja diese Zusatzpräparate«, wendet der Leibkoch ein.

»Hahahaha! Ja! In Wohlstandsgesellschaften! Und was machen die allermeisten Menschen? Die, die in Armut leben und sich solche Präparate nicht leisten können? Oder in Ländern, wo es so etwas nicht so einfach zu kaufen gibt? Nein! Ich glaube nicht, dass wir so eine bessere Gesellschaft werden!«

Beide schweigen.

Der Leibkoch findet seine Sprache als Erster wieder:

»Wenn ich einmal zusammenfassen darf: Ihr kritisiert, dass alles, was Spaß macht, als ungesund bezeichnet wird. Ihr wollt keine Essensvorschriften und schon gar keine moralischen Gebote. Gleichzeitig seht ihr die gewaltigen Umweltauswirkungen, die das Herstellen von Lebensmitteln mit sich bringen. Ihr wollt ein gutes Leben für die Tiere, wollt aber auch keine Fleischesser verdammen. Ihr wollt einen bewussten Umgang mit Lebensmitteln. Ihr wisst, dass die Weltbevölkerung wächst und damit auch mehr Lebensmittel produziert werden müssen, was zu weiteren Problemen führt. Ihr wollt nicht, dass arme Menschen benachteiligt werden, was Essen angeht. Und Ihr lehnt Ideologien ab, weil sie nicht weiterhelfen. Ihr wollt ziemlich viel auf einmal, verehrter Kalif.«

Der Kalif antwortet: »Du hast recht, Leibkoch. Vielleicht will ich zu viel. Vielleicht reicht es, wenn wir festhalten: Alles, was zu einem bewussteren Umgang mit Lebensmitteln beiträgt, ist gut. Aber was den Umgang mit Lebensmitteln zu einer Ideologie macht, zu einem Religionsersatz, das lehne ich ab! Erinnerst du dich an die Aufregung vor ein paar Jahren, als entdeckt wurde, dass beim Frittieren und Rösten von Lebensmitteln ein Stoff entsteht, den sie Acrylamid nennen und der krebserregend sein soll?«

Der Leibkoch nickt.

»Plötzlich hieß es, man solle keine Pommes frites mehr essen, überhaupt solle man so wenig wie möglich braten und grillen und backen. Kaffee? Gefährlich, gefährlich, weil geröstete Bohnen! Und das Schlimmste überhaupt: Frittieren!«

Der Kalif hält inne.

»Oh, Leibkoch! Ich verspüre plötzlichen Appetit auf gebackene Bananen! Machst du mir welche?«

»Oh ja, mein Kalif!«, ruft der Leibkoch und eilt davon, Richtung Hofküche.

Zutaten

- *3 reife Bananen*
- *100 Gramm Weizenmehl*
- *1 Esslöffel Zucker*
- *1 Prise Salz*
- *1 Teelöffel Natron oder Backpulver*
- *1 Ei*
- *etwa 8 Esslöffel Wasser*
- *Fett, zum Beispiel Sonnenblumenöl, zum Ausbacken/Frittieren*
- *Honig und Sesam nach Geschmack*

Zubereitung

Man verrühre Mehl, Zucker, Salz, Natron/Backpulver, Ei und Wasser mit dem Handmixer zu einem glatten Teig und lasse ihn anschließend 10 Minuten ruhen. Nun schneide man die Bananen in Stücke und wälze die Stücke in dem Teig, sodass sie komplett davon umhüllt sind. Jetzt das Fett in einem hohen Topf oder in einer Fritteuse erhitzen. Die Bananenstücke darin ausbacken/frittieren, bis sie goldgelb sind, also etwa 3 bis 4 Minuten.

Achtung: Das Fett spritzt! Bei kleinerem Topf Bananenstücke nacheinander hineingeben und frittieren. Mit einer Siebkelle herausnehmen und auf einem Teller mit Küchenpapier ablegen, wo sie ein wenig abtropfen können. Die frittierten Bananenstücke auf einen Teller geben und nach Geschmack mit Honig beträufeln und mit Sesam bestreuen.

Frittologie

Und der Kalif entschied, dass mehr geforscht werden müsse im Bereich des Frittierens.* Es müsse mehr experimentiert werden: Wie frittiert man was am besten, wo ist eine Panade sinnvoll, wo nicht, welches Lebensmittel taugt zur Panade und welches Mehl bewirkt was? Es müsse wieder mehr frittiert werden, als Zeichen gegen überbordende Angst vor Ungesundem und gegen Ideologie. »Frittiert nicht zu viel, esst nicht täglich Frittiertes, aber wenn ihr es tut, genießt es!«, sagte er in einer Rede an das Volk. Und seine liebste frittierte Speise waren neben den gebackenen Bananen köstliche knusprige Bällchen aus Linsen. Frittiert, aber dafür vegan. Es lebe der Kompromiss!

* Frittieren oder: Ausbacken ist das Braten von Teigwaren, Fleisch, Gemüse oder Fisch – oder auch mal eines Schokoriegels oder anderer Lebensmittel – in reichlich siedend heißem Fett, zum Beispiel Sonnenblumenöl. Das Fett sollte mindestens zehn Zentimeter hoch im Topf stehen. Es ist heiß genug, wenn ein hineingehaltener Holzlöffelstiel kleine Bläschen wirft oder wenn ein kleiner, trockener Weißbrotwürfel, den man ins Fett gibt, rasch bräunt.

Zutaten

- *1 Tasse Urid-Daal (weiße Linsen, die es in südasiatischen Lebensmittelgeschäften gibt)*
- *3/4 Tasse Wasser*
- *1 kleine Zwiebel*
- *1 grüne Pfefferschote*
- *1/2 Bund frischer Koriander*
- *1 kleines Stück frischer Ingwer*
- *1/4 Teelöffel schwarze Pfefferkörner*
- *1 Teelöffel Salz*
- *2 Teelöffel Reismehl*
- *Sonnenblumenöl zum Frittieren*

Zubereitung

Man wasche die Linsen gründlich, indem man sie in eine Schüssel mit Wasser gebe, rühre, das Wasser abgieße und diesen Vorgang zwei-, dreimal wiederhole oder indem man sie in einem Sieb abspüle. Nun lasse man sie mindestens 2 Stunden, besser: über Nacht in einer Schüssel mit Wasser einweichen. Anschließend abtropfen lassen und mit dem Wasser in einem Mixer gründlich pürieren. Die Breimasse, die ein wenig wie Spachtelmasse oder Kleister, jedenfalls wie ein Baumaterial riecht, in eine große Rührschüssel geben. Zwiebel, Pfefferschote, Koriander und Ingwer klein hacken und dazugeben, ebenso die im Mörser zerstoßenen oder in der Mühle grob gemahlenen Pfefferkörner und das Salz. Alles gründlich mit einem Kochlöffel vermischen. Zum Schluss Reismehl da-

zugeben und verrühren. Der Teig sollte dadurch deutlich dicker werden. Nun mit zwei Esslöffeln aus dem Teig Bällchen formen und in heißes Sonnenblumenöl in einem Topf, einem Wok oder einer Fritteuse geben. Das Fett sollte so heiß sein, dass es sofort anfängt zu sprudeln, sobald man die Teigbälle hineingibt. Je nach Herd bei weiteren Durchgängen die Hitze reduzieren, da das Fett sonst zu heiß wird und die Bällchen verbrennen, ehe sie gar sind. Die Kugeln etwa 7 Minuten ausbacken, bis sie goldbraun sind. Während des Frittierens die im Fett schwimmenden Bällchen mit einer Schöpfkelle drehen. Wenn sie fertig sind, auf einen Teller mit Küchenpapier legen und mit einem weiteren Küchenpapier das Fett abtupfen. Am besten heiß servieren, mit Ketchup, Joghurtsauce und/ oder Mangochutney. Der Kalif findet: Dies ist der beste Snack ever! Dazu passt übrigens hervorragend ein Tässchen Masala-Chai.

Kartoffeln für das Volk!

Da das Kalifat sich im Wesentlichen über Gebiete erstreckt, in denen gerne und viel Kartoffeln, heute eher unter Heilige-Erde-Äpfel bekannt, gegessen werden, soll – der Vollständigkeit halber – ein Standardrezept dafür etabliert werden. Wie Salzkartoffeln gekocht werden, wurde bereits zusammen mit dem Grünkohlrezept beschrieben. Hier nun der kalifatische Standard:

Zutaten

- *4 große Kartoffeln*
- *2 bis 3 Esslöffel Öl (zum Beispiel Sonnenblumenöl) zum Braten*
- *1 bis 2 Teelöffel Kümmelsamen (braun und/oder schwarz)*
- *1 Teelöffel Paprikapulver edelsüß*
- *1/2 Teelöffel Kurkumapulver*
- *1 Teelöffel Salz*

Zubereitung

Man schäle die Kartoffeln und schneide sie in kleine, vielleicht 2 mal 2 Zentimeter große Würfel. Nun erhitze man das Öl in einem Topf und brate die Kümmelsamen etwa 10 Sekunden lang darin an – Achtung, nicht zu lange, denn sonst wird es bitter! Man füge Paprika, Kurkuma und Salz hinzu und verrühre alles. Anschließend gebe man die Kartoffelwürfel zu den Gewürzen und brate sie von allen Seiten an. Danach gare man sie etwa 15 bis 20 Minuten bei mittlerer Hitze und geschlossenem Deckel. Zwischendurch rühre man gelegentlich um, damit die Kartoffeln von allen Seiten gleichmäßig gegart werden. Man mag sich wundern, aber üblicherweise braucht man kein Wasser hinzuzufügen – die Feuchtigkeit der Kartoffeln selbst genügt! Sollte ein Kalifatling Sorge haben, es wäre zu wenig Flüssigkeit im Topf, kann er oder sie 2 Esslöffel Wasser hinzufügen – aber der kalifatische Leibkoch rät davon ab. Voilà, Kümmelkartoffeln!

Kartoffelkabumm

In Deutschland und in Österreich waren Kartoffeln respektive Erdäpfel Grundnahrungsmittel. Im Kalifat wurden sie von Reis verdrängt, aber da der Kalif Traditionen pflegen und an alte Bräuche erinnern möchte, stehen bisweilen auch Kartoffelgerichte auf dem höfischen Speiseplan. Die Menschen, stellt er fest, lieben Kartoffelgratin. Sie sagen dazu Kartoffelgratäng, Gratäng wie die Explosion einer Granate, da kann man auch gleich Kartoffelkabumm sagen. Hier ein Rezept für ein besonders köstliches Kabumm.

Zutaten

- *1 Kilogramm kleine, festkochende Kartoffeln*
- *Butter*
- *150 Milliliter Gemüsebrühe*
- *300 Gramm cremiger Naturjoghurt oder Sahnejoghurt*
- *1 Teelöffel Salz*
- *1 Teelöffel Kurkuma*

- *1 Teelöffel gemahlener Kreuzkümmel*
- *1 Teelöffel zerriebene Safranfäden*
- *1 Prise gemahlener Koriander*
- *1 Prise geriebene Muskatnuss*
- *1 Prise Zimt*
- *1/2 Teelöffel Cayennepfeffer*
- *Semmelbrösel*

Zubereitung

Man wasche die Kartoffeln gründlich und koche sie mit Schale 20 Minuten lang in Salzwasser. Anschließend gieße man sie ab, lasse sie ein wenig abkühlen und pelle sie. Man streiche eine feuerfeste Auflaufform mit Butter aus und lege die Kartoffeln dicht nebeneinander hinein. Dann übergieße man sie mit der Gemüsebrühe und stelle das Ganze für 20 Minuten bei 200 Grad Celsius Ober-/ Unterhitze auf die mittlere Schiene des Backofens. Während die Kartoffeln in der Brühe schmoren (nach 10 Minuten die Kartoffeln einmal wenden!), mische man den Joghurt mit Salz, Kurkuma, Kümmel, Safran, Koriander, Muskatnuss, Zimt und Cayennepfeffer. Man hole die Kartoffeln in der Auflaufform aus dem Ofen und übergieße sie mit der Joghurt-Gewürz-Sauce. Anschließend bestreue man alles mit Semmelbröseln, gebe ein paar Butterflocken darauf – und schiebe die Form wieder für etwa 20 Minuten in den Ofen, bis sich eine bräunliche Kruste gebildet hat. Kabumm!

Kalifatisches Himmel un Ääd

»Wusstet Ihr, Eure Heiligkeit, dass es ein Gericht gibt, das ›Himmel und Erde‹ heißt?«, fragt der Leibkoch den Kalifen eines Tages.

Der Kalif nickt. »Schon mal gehört. Aber keine Ahnung, was das ist.«

»›Himmel und Erde‹, das wäre doch ein ideales Nationalgericht! Allein schon wegen des Namens!«

»Ja, aber was ist es?«

»Och«, druckst der Leibkoch nun herum. »Das ist eine Speise aus Kartoffelpüree, also Erdäpfeln – daher ›Erde‹. Und dazu Apfelstückchen oder Apfelmus, also Baumäpfel – daher ›Himmel‹. Gibt's im Rheinland, ich glaube, man sagt ›Himmel un Ääd‹ dazu, aber auch in Hessen, Teilen Niedersachsens und Mecklenburgs. Man kennt es auch in der schlesischen Küche und in der holländischen. Oft isst man das mit Blutwurst oder Grützwurst, mit einer gebratenen Leberwurst oder auch einfach mit einer Bratwurst.«

Der Kalif rümpft die Nase. »Merkwürdiges Essen. Aber du hast völlig recht, Smutje, wir brauchen auch im Kalifat eine Speise, die ›Himmel und Erde‹ heißt! Und ich weiß auch schon, was das sein soll! Erdäpfel für Erde sind okay. Und für Himmel nehmen wir …« Er überlegt kurz, dann strahlt er übers ganze Gesicht. »… himmlischen Rosenkohl! Jawoll! Erdäpfel-Rosenkohl-Auflauf! ›Himmel und Erde‹!«

Zutaten

- *800 Gramm Rosenkohl*
- *2 Gemüsezwiebeln*
- *1 Bund Petersilie*
- *600 Gramm mehligkochende Kartoffeln/Erdäpfel*
- *3 Eier*
- *100 Gramm kräftiger Käse, zum Beispiel Bergkäse*
- *200 Gramm Sahne/Obers*
- *1 Teelöffel Salz (oder je nach Geschmack mehr oder weniger)*
- *Pfeffer*
- *frisch geriebene Muskatnuss*
- *1 Bund Schnittlauch*
- *1 Esslöffel frisch geriebener Meerrettich*

Zubereitung

Man putze den Rosenkohl, entferne die äußeren harten Blätter und schneide ihn in Scheiben. Ebenso wasche man die Erdäpfel, schäle sie und schneide sie in kleine Würfel. Man hacke die Zwiebeln fein, ebenso die Petersilie. Nun vermenge man Rosenkohl, Kartoffeln, Zwiebeln und Petersilie in einer Schüssel. Den Käse führe man über eine Reibe. Bei den Eiern trenne man das Gelbe vom Weißen und verrühre das Gelbe mit dem geriebenen Käse und mit der Sahne. Dazu gebe man Salz, Pfeffer und Muskatnuss. Diese Sauce vermenge man nun mit dem Kartoffel-Zwiebel-Gemisch. Das Eiweiß schlage man zu einem steifen Eischnee und hebe es unter die anderen Zutaten. Den Ofen heize man auf 200 Grad Celsius Ober-/Unterhitze vor. Nun gebe man die Kartoffel-Rosenkohl-Ei-Käse-Sahne-Masse in eine flache Auflaufform und stelle sie auf einem Rost in die Mitte des Ofens. Der Auflauf sollte etwa 50 Minuten lang garen. Zum Schluss nehme man den Auflauf aus dem Ofen und bestreue ihn mit dem gehackten Schnittlauch und dem Meerrettich. Voilà, Himmel und Erde!

Kartoffelsalatfatwa

Der Kalif stellt fest, dass es Kalifatlinge gibt, die ihren Kartoffelsalat allen Ernstes mit Mayonnaise machen! Und sogar saure Gurken hineinschneiden! »Große Güte, ich bin zwar für Toleranz und Freiheit und gegen Blasphemievorwürfe, aber DAS ist nicht zu tolerieren, DAS ist Missbrauch von Freiheit, DAS ist Blasphemie!«, sagt er. Und fortan ist im Kalifat nur noch dieser Kartoffelsalat erlaubt – das Rezept gilt als Fatwa, hat mithin Gesetzeskraft!

Zutaten

- *1 Kilogramm festkochende Kartoffeln*
- *250 Milliliter Gemüsebrühe*
- *6 Esslöffel Weißweinessig*
- *1 Zwiebel*
- *2 Teelöffel mittelscharfer Senf*
- *6 Esslöffel pflanzliches Öl*
- *Salz und Pfeffer nach Geschmack*

Zubereitung

Man wasche die Kartoffeln, gebe sie in einen großen Topf und fülle Wasser hinein, sodass alle Knollen gänzlich bedeckt sind. Dann erhitze man den Topf und lasse die Kartoffeln ab dem Moment, in dem das Wasser siedet, 20 Minuten (oder, wenn es große Kartoffeln sind, ein paar Minuten länger) garen. Anschließend Wasser vorsichtig abgießen, Kartoffeln etwas abkühlen lassen, pellen und in Scheiben schneiden. Kartoffelscheiben in eine große Schüssel geben. Die Gemüsebrühe mit 4 Esslöffeln Weißweinessig mischen und aufkochen lassen, nach Geschmack mit Salz und Pfeffer ruhig kräftig würzen. Die Brühe gieße man nun über die noch warmen Kartoffelscheiben und mische vorsichtig durch, sodass die Kartoffelscheiben ganz bleiben. Mit einem Küchentuch zudecken und etwa 30 Minuten ziehen lassen. Nun die Zwiebel fein hacken und zu den Kartoffelscheiben geben. Restliche 2 Esslöffel Weißweinessig mit Senf und Öl zu einer Sauce schlagen, nach Geschmack salzen und pfeffern. Sauce über die Kartoffeln geben und noch einmal vorsichtig durchrühren. Beim Rühren sollte ein schmatzendes, schlotziges Geräusch zu vernehmen sein – dann ist der Kartoffelsalat perfekt! Abschmecken und eventuell noch mehr Salz und Pfeffer dazugeben. Wer mag, kann ein wenig gebratene Speckwürfel drüberstreuen. Fertig!

Der Leibkoch lobt den Kalifen für seinen vorzüglichen Geschmack. »Ich teile Eure Einschätzung, Eure Hoheit, dass dies der einzig wahre Kartoffelsalat ist! Aber Ihr solltet Euch an Eure eigene Maxime erinnern, auch dem Anderen, dem Neuen, dem Gegenteiligen Raum zu geben. Das Kalifat will schließlich ein Hort der Toleranz und der Weltoffenheit sein! Grenzen sollte es nur dort geben, wo es menschenverachtend wird.«

»Kartoffelsalat mit Mayonnaise und Gewürzgurken und sogar Eiern *ist* menschenverachtend, Leibkoch!«

»Aber Kalif, ich bitte Euch! Seid doch nicht so! Ihr wisst genau, dass dem nicht so ist und dass es Kalifatlinge gibt, die ihren Kartoffelsalat genau so lieben! Vor allem im Hollern-Twielenflether Kalifat mögen ihn die Menschen so. Und da ihr dem Grünkohl, dem Curry des Nordens, huldigt, so lasst den Menschen in der nördlichen Provinz des Kalifats auch ihre Freude beim Kartoffelsalat!«

Der Kalif sieht ein, dass der Koch recht hat und weise Worte spricht. Und so erlässt er eine Fatwa, wonach auch Kartoffelsalat mit Mayonnaise und Gewürzgurken und sogar mit Ei erlaubt ist. »Lang lebe die Vielfalt, lang lebe die Toleranz!«, ruft er, als er diese Fatwa verkündet.

Zutaten

- 1 Kilogramm festkochende Kartoffeln
- 1 Zwiebel
- 250 Milliliter Gemüsebrühe
- 150 Gramm Mayonnaise
- 1 Teelöffel milder oder mittelscharfer Senf
- 1 Teelöffel Zucker
- 1 Esslöffel Essig
- 3 hartgekochte Eier
- 3 bis 5 Gewürzgurken
- 2 Esslöffel Gurkenwasser
- frische Kräuter nach Geschmack, zum Beispiel Petersilie, Schnittlauch, Dill
- Salz und Pfeffer nach Geschmack

Zubereitung

Man wasche die Kartoffeln gründlich, gebe sie mit der Schale in einen Topf mit kaltem Wasser und erhitze ihn bei großer Flamme. Ab dem Zeitpunkt, an dem das Wasser siedet, lasse man die Kartoffeln mindestens 20 Minuten – bei dicken Kartoffeln ein paar Minuten länger – garen. Mit der Gabel die Garprobe machen, also hineinstechen und schauen, ob sie so weich sind, dass sie von alleine wieder von der Gabel fallen – wenn ja, sind sie fertig. Anders als beim richtigen, Pardon, beim anderen Kartoffelsalat hier die Erdäpfel vollständig abkühlen lassen. Anschließend pellen und in mundgerechte Würfel oder Scheiben schneiden.

Nun bereite man das Dressing vor. Hierzu hacke man die Zwiebel fein und lasse die Zwiebelstücke in der Gemüsebrühe aufkochen. Nun gebe man Senf, Zucker, Essig und Gurkenwasser aus dem Gurkenglas hinzu und schmecke die Sauce mit Salz und Pfeffer ab. Das heiße Dressing über die Kartoffelstücke oder -scheiben gießen und abkühlen lassen. Kräuter fein hacken, Eier hart kochen – siehe Eier-Zubereitung –, Gurken in Stücke schneiden, alles zum Kartoffelsalat geben und vorsichtig vermengen. Nun sollte der Kartoffelsalat 2 bis 3 Stunden ziehen, am besten über Nacht im Kühlschrank. Vor dem Servieren Mayonnaise unter den Salat heben. Je nach Geschmack kann man etwas Zucker, etwas Salz oder etwas Essig hinzugeben, abhängig davon, ob man es gern etwas süßer, salziger oder saurer hat. Fertig.

Trenderdäpfel

Der Kalif stellt fest, dass die Beliebtheit der Kartoffel bei jüngeren, trendbewussten Menschen nachlässt. Obwohl er selbst kein allzu großer Fan von Kartoffeln ist, tut ihm die Verachtung, die manche gegenüber der Knolle an den Tag legen, in der Seele weh – hat sie die Menschen doch über Jahrhunderte wohl genährt, nachdem Reisende sie aus Südamerika mitgebracht hatten! Außerdem ist sie ausgesprochen gesund! Sie enthält so gut wie kein Fett, dafür Stärke, Ballaststoffe, Vitamine, Mineralstoffe und Proteine. Dazu sind Kartoffeln, die zu 80 Prozent aus Wasser bestehen, kalorienarm!

Nun gab es einmal eine Studie, wonach Erdäpfel ungesund, ja giftig seien: Sie enthielten von Natur aus den giftigen Stoff Solanin! Solanin, hieß es, gehöre zur Gruppe der Glykoalkaloide und komme vor allem in unreifen, aber auch in grünen Kartoffeln vor. Wirksamer, geradezu genialer Rat des Kalifen: Einfach keine unreifen oder grünen Kartoffeln verzehren!

Und um die Beliebtheit der Kartoffel, einst Nationalfrucht der Deutschen, wieder zu steigern, überlegt der Kalif sich Folgendes: Die trendbewussten, jungen, na ja, mittelalten Leute, auch Bobos und Hipster genannt, legen größten Wert auf Äußerlichkeiten. Und sie besinnen sich auf Traditionen, schätzen alte Schreibweisen. Aus Klaus machen sie den feinen Claus, aus Karl den edlen Carl. Also ordnet er an: Ab sofort wird Kartoffel Cartoffel geschrieben! Mit C! Das wirkt feiner, eleganter, erlesener! Lang lebe die Cartoffel!

Trendfood

Überhaupt: diese Trends! Der Kalif liest im Internet, dass Orangensaft mit Espresso plötzlich als cool gilt. Drei Viertel kalter Orangensaft, ein Viertel, also ein Shot, Espresso, umrühren, fertig. Er sieht, dass Influencer*innen das verbreiten und behaupten, das sei »krass lecker«. Der süßsaure Saft balanciere die bitteren Noten des Kaffees aus, sagen sie. Millionenfach werden solche Videos geteilt, und plötzlich trinken alle Orangensaft mit Espresso.

Da hat der Kalif einen Einfall.

Er nimmt ein Video von sich auf, in dem er zu sehen ist, wie er eine Brötchenhälfte mit einem rosa-braunen Aufstrich vertilgt. »Mmmmmmmh!!!«, hört man ihn nur. Unter dem Video ist zu lesen: »Zwiebelmett mit Nussnougatcreme – krass lecker!!! Was wie eine kulinarische Mutprobe klingt, ist voll wyld. Einfach einen Löffel Zwiebelmett mit einem Löffel Nussnougatcreme verrühren, smooth aufs Brötchen spreaden, fertig!« Danach folgen drei Zwinkersmileys. »Die Süße der Crème balanciert krass die Herzhaftigkeit des Zwiebelmetts aus, *lol* *lol* *lol*. Eine Mahlzeit mit Zwiebelmett kann niemals schlecht sein!«

Und siehe da, das Video verbreitet sich millionenfach. Der Trend ist in der Welt, Influencer*innen greifen das Thema willfährig auf und nennen den Aufstrich Zwinussi – er avanciert zum absoluten Renner im Kalifat.

Und der Kalif kommt tagelang vor Lachen nicht mehr zum Essen.

Goldwasser

Der Kalif stellt fest, dass es Leute gibt, die ein Vermögen für Wasser ausgeben. Sie zahlen für einen Liter in, zugegeben, zum Teil sehr hübschen Flaschen, man möchte fast sagen: Flakons, so viel, wie man für 1001 Liter zahlen müsste. Schon kommt Wasser als ganz edler Tropfen daher, und fürwahr, ein edler Tropfen ist es. Aber keiner, für den man horrende Preise verlangen sollte! Ohne Wasser kein Leben. Damit auf solch schamlose Weise Geschäfte zu machen, ist ein Frevel!

Trinkwasser aus der Leitung zählt im Kalifat zu den am besten kontrollierten Lebensmitteln. Trinkt es! Verschwendet es nicht! Und hört auf, sinnlos Geld aus dem Fenster zu werfen für angeblich besonders reines, besonders gesundheitsförderndes, besonders wertvolle Mineralien enthaltendes Wasser!

Wer wirklich besonderes Wasser trinken möchte, verwende folgendes Rezept:

Zutaten

- 1 Liter kaltes Leitungswasser (wenn es nicht kalt genug aus der Leitung kommt, für ein paar Stunden in den Kühlschrank stellen oder Eiswürfel dazugeben)
- 150 Milliliter Leitungswasser für den Sud
- etwa 15 Blätter frische Minze
- Zitronenscheiben und Saft einer halben Zitrone nach Geschmack
- 1 Teelöffel Honig nach Geschmack

Zubereitung

Man gebe die gewaschenen Minzblätter einzeln oder am Stiel in einen kleinen Kochtopf und gieße 150 Milliliter Leitungswasser darüber. Nun erhitze man den Topf auf mittlerer Stufe, bis das Wasser siedet. Erhitzt man auf hoher Flamme, kocht das Wasser zu schnell, bei mittlerer Hitze gibt die Minze ihr Aroma intensiver ab, jedenfalls glaubt man am Hofe des Kalifen ganz fest daran. Siedet das Wasser, lasse man es etwa 3 Minuten weiterköcheln. Wer eine leichte Süße schätzt, gebe jetzt 1 Teelöffel Honig dazu. Dann nehme man den Topf vom Herd und lasse den Sud abkühlen.

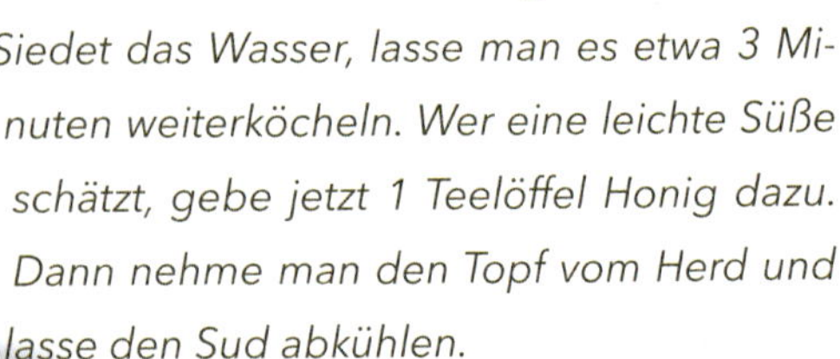

Nun fülle man 1 Liter kaltes Leitungswasser in eine schöne Karaffe und gebe den erkalteten Sud durch ein Sieb dazu. Das Wasser sollte eine leicht goldene Farbe annehmen und hat nun einen sehr feinen Minzgeschmack. Wer mag, halbiere eine Zitrone, schneide die

eine Hälfte in Scheiben und gebe sie in die Karaffe, presse den Saft der anderen Häfte aus und gebe ihn ebenfalls in die Karaffe. Fertig ist das Goldwasser, das köstlichste, erfrischendste, gesündeste, vitaminreichste, beste, güldenste, schmackhafteste, bekömmlichste Wasser der Welt!

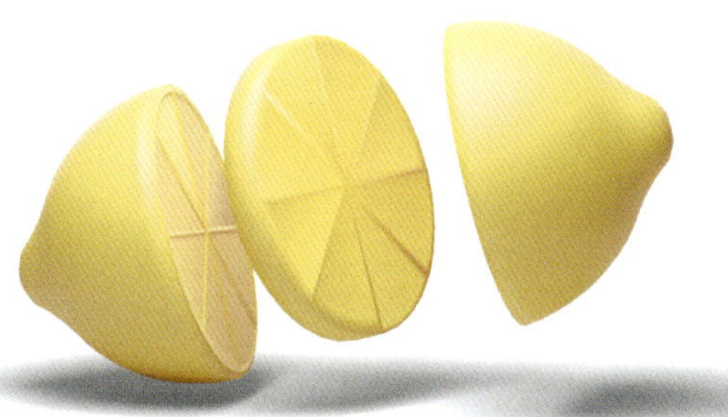

Antiideologische Butter

Als der Kalif einmal seinem Volk Urid-Daal-Bällchen spendierte und überall im Land frittieren ließ, regte sich Widerstand bei einigen Menschen. Es kam zu Anti-Fett-Demonstrationen im ganzen Kalifat. »Fett ist ungesund!«, stand auf Plakaten. »Frittieren quittieren!«, stand auf anderen, und der Kalif wunderte sich ein wenig, was genau damit gemeint sein sollte.

Es bildete sich eine »Liga für die fettlose Küche«, kurz: LFK, die gegen den Kalifen agitierte und seine Absetzung forderte.

Nun ja, das eine oder andere mochte unter gewissen Gesichtspunkten ja wirklich ungesund sein, aber das Verspeisen betreffender Köstlichkeit vermittelte eben auch eine Seelenruhe und eine Öffnung zur Welt, und damit war es vielleicht ein ungesundes, aber auf jeden Fall sehr weises Essen, denn genau das ist Weisheit: Seelenruhe und Öffnung zur Welt.

Als Gegenschlag erließ der Kalif deshalb ein Rezept für frittierte Butter, eine zugegebenermaßen ungewöhnliche Speise, die angeblich der Texaner Abel Gonzales 2009 für ein Volksfest erfunden hatte,* die die »Los Angeles Times« das »schlimmste vorstellbare Gericht auf diesem Planeten« nannte und die der Kalif für eine klare Ansage hielt: Fett in Fett. Ekelhaft, natürlich. Aber auch gigantisch gut.** Es gibt unterschiedliche Varianten: süße ebenso wie herzhafte.

Zutaten

- *250 Gramm Butter*
- *4 Teelöffel brauner Zucker*
- *1/2 Teelöffel Zimt*
- *1 Prise Salz*
- *1 Ei*
- *100 Gramm Paniermehl*
- *Sonnenblumenöl zum Frittieren*

Zubereitung

Man rühre die weiche Butter mit einem Mixer schaumig und gebe Zucker, Zimt und Salz hinzu. Nun lasse man das Gemisch im Kühlschrank etwa 1 Stunde lang fest werden und steche anschließend mit zwei Teelöffeln Kugeln oder

* Es gibt aber auch Quellen, die behaupten, frittierte Butter stamme aus Kanada, aus Toronto nämlich, oder sei im US-Bundesstaat Iowa erfunden worden; wie auch immer, nun ist sie ein kalifatisches Gericht.

** Über diese Beurteilung gingen die Meinungen im Harem des Kalifen weit auseinander; es gab Mitglieder, die Butter rundheraus verabscheuten.

Nockerln ab. Diese Kugeln oder Nockerln stelle man über Nacht in einer Schüssel oder auf einem Teller ins Gefrierfach – Achtung, die einzelnen Stücke sollten einander nicht berühren. Am nächsten Tag verquirle man ein Ei, nehme die tiefgekühlten Kugeln oder Nockerln, tauche sie ins Ei und wende sie anschließend im Paniermehl. Ruhig ein zweites Mal ins Ei tauchen und noch einmal im Paniermehl wenden. Nun etwa eine Minute lang in heißem Fett ausbacken. Abtropfen lassen und heiß servieren. Die Panade sollte knusprig sein, die Butter am Rand geschmolzen und im Kern noch halbwegs fest sein.

Köstlich!, findet der Kalif.

Ekelhaft!, finden manche in seinem Harem.

Statt Zucker und Zimt kann man auch Chiliflocken oder gehackten Knoblauch oder geriebenen Käse oder 2 bis 4 zerkleinerte Sardellenfilets in die Butter geben und daraus frittierte Butter zubereiten. Oder Petersilie. Der Fantasie sind keine Grenzen gesetzt, sagt der Kalif.*

* Anmerkung von Teilen des Harems: Doch! Hier verbietet sich jegliche Fantasie! Wenn es irgendwo irgendwelcher Denkverbote bedarf, dann hier! Frittierte Butter – wie pervers kann man sein?! Weltoffenheit, Toleranz und Ideologiefreiheit hin oder her, hier ist Schluss!

Der weltbeste Salat

Um sich vom Verdauungsschock nach dem Verzehr von frittierter Butter zu erholen, ernährt der Kalif sich in den Tagen darauf vor allem von diesem köstlichen, pikant-süß-sauer-salzigen Salat.

Zutaten

- *2 Paprikaschoten, gerne eine rot, eine gelb*
- *1 bis 2 Salatgurken*
- *4 bis 6 reife Tomaten*
- *1 süßer Apfel*
- *2 Esslöffel Olivenöl*
- *Saft einer halben Zitrone*
- *2 Knoblauchzehen*
- *1/2 Teelöffel Salz*
- *frisch gemahlener Pfeffer nach Geschmack*

Zubereitung

Paprika waschen, entkernen, vom Stiel befreien und in kleine Stücke schneiden. Salatgurken schälen – manche mögen sie auch ungeschält, bitte, das muss jeder und jede selbst wissen –, längs vierteln und in kleine Stücke schneiden. Tomaten waschen, Strunk entfernen, vierteln und in kleine Stücke schneiden. Apfel schälen – oder auch nicht –, Stiel und Kerngehäuse entfernen und in kleine Stücke schneiden. Alles Gemüse und Obst in einer Schüssel vermengen. Nun das Dressing zubereiten: Olivenöl, Zitronensaft, gepresste Knoblauchzehen, Salz und Pfeffer in einer Schale gründlich verrühren und über die Gemüse-Obst-Mischung geben. Durchmischen! Am besten schmeckt der Salat, wenn er ein paar Stunden oder über Nacht im Kühlschrank ziehen kann. (Man kann auch Karotten/Rüben/Möhren, Radieschen, Kohlrabi, klein geschnittene Orangenstücke und so weiter und so fort dazugeben. Das Volk möge experimentieren! Das Rezept mit Paprika, Tomate, Gurke und Apfel ist die kalifatische Standardvariante.

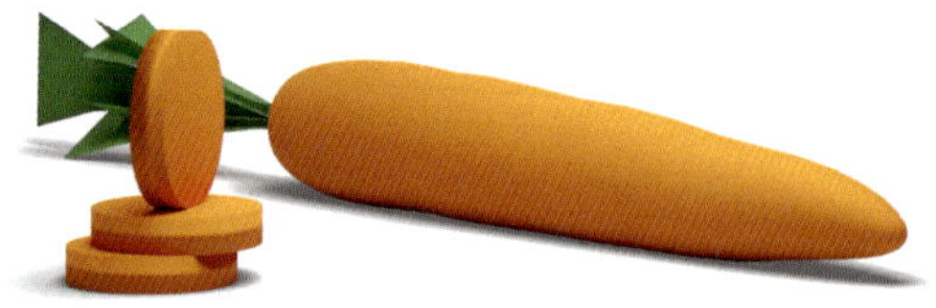

Kalifatische Fehlerkultur

»Großwesir!«, rief der Kalif, und schon eilte der Großwesir herbei.

»Ja, Eure Majestät?«

»Streicht die Verbote der Wörter ›umami‹ und ›Foodie‹ bitte mit sofortiger Wirkung!«

»Aber warum, Kalif? Woher der Sinneswandel?«

»Ach, ich habe heute wieder Leute reden hören, man solle dieses Wort nicht aussprechen und jenes Wort nicht aussprechen. Das ist doch irrsinnig! Und da möchte ich mit gutem Beispiel vorangehen und sagen: Die Liste der verbotenen Wörter bleibt: leer! Keine Verbote! Was nicht davon entbindet, sich Gedanken über Sprache zu machen. Ich halte ›umami‹ und ›Foodie‹ immer noch für sagenhaft bescheuerte Wörter. Aber wenn jemand sie benutzen mag, nur zu! Feel free!«

»Jawohl, Kalif! Zu Befehl, Kalif!«

Und so wurden die Begriffe ›umami‹ und ›Foodie‹ wieder zugelassen.

Müll am Zahni

Die frittierte Butter sorgte derweil für erhebliche Turbulenzen im Kalifat. Die Provokation, die der Kalif beabsichtigt hatte, wirkte. Während die Proteste zunahmen, gab es aber auch Jubelarien auf den Kalifen. »Himmlisch« sei die frittierte Butter, »ein Geschenk der Götter«, schrieb ein Kolumnist in einer ansonsten dem Kalifen eher kritisch gesinnten Zeitung. Das »absolut Köstlichste«, was er je gegessen habe, beschrieb ein berühmter Gastrokritiker dieses Gericht. Vor dem Kalifenpalast in Drestan marschierten hingegen Menschenmengen vorbei. »E – kel – haft! E – kel – haft!«, gaben sie in Sprechchören von sich.

Der Kalif war empört! Er stellte sich auf den Balkon und wartete, bis die wütenden Menschen sich vor dem Palast versammelt hatten. Dann erhob er die Hand und sagte mit klarer Stimme: »Ihr sagt, ihr findet frittierte Butter ekelhaft. Ich aber sage euch, was ekelhaft ist!« Und nach einer bedeutungsvollen Pause rief er: »Auberginen und Zucchini!« Damit drehte er sich um und machte einen Abgang.

Im Hauptsaal fingen ihn der Leibkoch und der Großwesir ab. »Aber Kalif!«, rief der Großwesir. »Ihr könnt doch den Leuten nicht sagen, dass bestimmte Lebensmittel ekelhaft seien! So redet man nicht über Essen!«

»Also … also … also …« Dem Leibkoch fehlten die Worte. »Das geht nicht!«, stieß er dann hervor. »Aubergine und Zucchini, das sind hervorragende Gemüse!«

»Genau, und in Österreich sagt man sogar Melanzani zu Auberginen! Ihr liebt doch österreichische Wörter!«, sagte der Großwesir.

»Müll am Zahni! Jawohl! Nur das kann man dazu sagen! Das ist wie ... Dämmstoff! Gummiartiger Dämmstoff! Labberkugeln!«

»Aber mein Kalif!«, sagte der Leibkoch, bemüht, die Ehre der Aubergine zu retten. »Gut, sie sind recht weich und geschmacklich neutral, manchmal vielleicht ein wenig bitter, und im rohen Zustand sind sie ungenießbar, aber …«

»Sie sind in jedem Zustand ungenießbar!«, schrie der Kalif nun. »Außen Leder, innen Schaumstoff! Was soll das sein?«

»Nun, was es sein soll ... Es ist ein Nachtschattengewächs, eigentlich eine Beerenfrucht, aber man betrachtet es dennoch als Gemüse. Vor allem in den Mittelmeerländern wächst es gut, geerntet wird es zwischen Mitte Juli und Mitte November. Es gibt unterschiedliche Farben, meist Dunkelviolett, manchmal Grün, auch Weiß. Mit Verlaub, werter Kalif – Ihr preist die Schönheit von Zitrone und Ei. Habt Ihr je eine weiße Aubergine bestaunt? Oder eine violett gesprenkelte? Die elegant geschwungene Form, die glänzende, spiegelglatte Oberfläche, das satte Geräusch, das ertönt, wenn man sanft mit dem Finger dagegen klopft –

auch das tiefdunkle Violett der bekanntesten Sorte zeugt doch von höchster Noblesse!«

Der Kalif winkte ab. »Redet, wie ihr wollt, ich mag das Zeug nicht! Bleibt mir fern mit dieser Teufelsfrucht!«

Damit verschwand er.

Der Leibkoch aber bereitete noch am Abend folgende Speise zu, die bekannt ist als Baba Ghanoush:

Zutaten

- *500 Gramm Auberginen, also etwa zwei Stück*
- *3 Esslöffel Tahin (Sesampaste)*
- *3 Esslöffel Zitronensaft*
- *2 Esslöffel Olivenöl*
- *2 bis 3 Knoblauchzehen*
- *Salz und Pfeffer*
- *1/2 Bund Petersilie*
- *1 Esslöffel schwarze Oliven*

Zubereitung

Man wasche die Auberginen und ritze die Haut an mehreren Stellen mit einem spitzen Messer ein. Nun heize man den Backofen (Umluft) auf 180 Grad vor und schiebe die Auberginen auf einem Backblech hinein. Man backe sie eine knappe halbe Stunde, die Haut müsste dann geröstet sein, fast schwarz. An diesem Punkt nehme man sie aus dem Ofen und lasse sie abkühlen, bis sie nur noch lauwarm sind. Anschließend die Auberginen mit einem scharfen Messer der Länge nach halbieren und das nun sehr weiche, rauchig duftende Fruchtfleisch mit einem Löffel aus der Schale lösen und in einen Mixer geben. Sesampaste, Zitronensaft, Knoblauch und 1 Esslöffel Olivenöl dazugeben und alles fein pürieren. Zum Schluss mit Salz und Pfeffer abschmecken. Paste in eine Schale geben, mit gehackter Petersilie und gehackten Oliven garnieren, den weiteren Esslöffel Olivenöl darüber träufeln. Wer mag, kann vor dem Pürieren eine Prise Cayennepfeffer dazugeben. Auch ein Löffel Joghurt unter die Paste gerührt schmeckt gut. Oder man gibt geröstete Zwiebeln dazu. Oder Rosmarin und Thymian oder Kreuzkümmel oder Pfeffer oder Korianderblätter oder …

Baba Ghanoush mit Fladenbrot oder Weißbrot servieren.

Als der Kalif am Abend davon aß, geriet er in Verzückung. »Oh, welch fantastische Crème! Ich liebe Hummus! Aber das schmeckt heute etwas anders, feiner – schmackhafter! Sag, Leibkoch, was hast du hineingetan?«

Leibkoch und Großwesir, die ebenfalls Stücke von Fladenbrot in das Mus tauchten und aßen, zwinkerten einander zu.

»Nun, Kalif, ihr habt da Müll am Zahni«, sagte der Leibkoch und grinste.

»Bitte?«

»Das ist Melanzani. Auberginenpaste. Man nennt diese vorzügliche levantinische Speise Baba Ghanoush.«

»Baba steht für Papa. Und wer war dieser Ghanoush?«, wollte der Kalif wissen.

Weder Leibkoch noch Großwesir wussten es.

»Gut. Dann heißt es ab sofort Baba Kalif!«

Faschiertes im Kerker

Großwesir und Leibkoch sahen sich nun ermutigt, den Kalifen von der Aubergine zu überzeugen. So bereiteten sie gemeinsam gebackene, gefüllte Auberginen für ihn zu.

Merke: Selbst Lebensmittel, die einem auf den ersten – und auch zweiten – Bissen nicht zusagen, können sehr, sehr schmackhaft, von geradezu umwerfender Köstlichkeit sein, wenn sie richtig zubereitet werden. Oder wie eine alte kalifatische Weisheit besagt: Wer lange genug kocht, kocht irgendwann gut.

Zutaten

- *2 Auberginen, etwa 500 Gramm*
- *400 Gramm Rinderhack*
- *4 Esslöffel Olivenöl*
- *1 Zwiebel*
- *2 Knoblauchzehen*
- *1 Stange Sellerie*

- 1 rote Paprika
- 1 Esslöffel Paprikapulver edelsüß
- 100 Milliliter Gemüsebrühe
- Salz, Pfeffer, Cayennepfeffer und gemahlener Kreuzkümmel nach Geschmack
- 100 Gramm cremiger Joghurt
- 50 Gramm Feta

Zubereitung

Man wasche die Auberginen und halbiere sie der Länge nach. Mit einem Löffel schabe man das Fruchtfleisch so heraus, dass ein dicker Rand stehen bleibt. Also nicht alles herausnehmen! Die Auberginenhälften nun von allen Seiten mit Olivenöl einpinseln und bei 180 Grad Celsius im Backofen (Umluft) bis zu 20 Minuten backen (nach 10 Minuten wenden!). Während der Dämmstoff, Pardon, die Aubergine im Ofen schmort, Sellerie und Paprika waschen und in Stücke schneiden. Zwiebel und Knoblauch hacken. Nun das Hackfleisch mit dem restlichen Öl, das nicht auf die Auberginen verstrichen wurde, in einer Pfanne anbraten, bis es krümelig ist. Auberginenmasse, Sellerie, Paprika, Zwiebel und Knoblauch dazugeben und alles zusammen 3 Minuten braten. Nun gebe man das Paprikapulver dazu, rühre kurz und gieße die Gemüsebrühe hinein. Man lasse alles 10 Minuten bei kleiner Hitze köcheln. Anschließend würze *man nach Geschmack mit Salz und Pfeffer, Cayennepfeffer und Kümmel. Wenn die Auberginenhälften fertig sind, nehme man sie aus dem Ofen, fülle sie mit der Hackfleischmasse und salze und pfeffere gegebenenfalls ein wenig. Für die Sauce verrühre man Joghurt und Feta und gebe sie dann über die Auberginenhälften. Diese stelle man noch einmal für 5 Minuten bei 180 Grad Celsius zum Überbacken in den Ofen. Anschließend heiß servieren.*

Und auch dieses Essen mundete dem Kalifen sehr. Er nannte es »Faschiertes im Kerker«. Nach einem Tag Bedenkzeit strich er die Aubergine von der Liste der geächteten Lebensmittel.

Dämmstoff II

Der Großwesir und der Leibkoch, um die Gesundheit des Kalifen besorgt, machten ihrem Chef auch die Zucchini schmackhaft. Ja, es ist ein schwammiges Gemüse ohne eigenen Geschmack. Aber es sei sehr gesund, und die Geschmacklosigkeit sei eine Chance: Man könne diesem Gemüse nämlich einen Geschmack ganz nach eigenem Wunsch geben, indem man es würze, mariniere, überbacke. Gerade mit Knoblauch und Olivenöl ließe sich da viel machen, erklärten sie ihm, und er hörte ihnen geduldig zu. Kleine Zucchini könne man in Scheiben schneiden oder zu Stiften hobeln und mit allen möglichen Dips essen. Den Kalifen schüttelte es, und sie wussten, dass sie damit bei ihm nicht punkten konnten. Also buken sie ihm eine gefüllte Zucchini, die ihm mundete. Und auch die Zucchini strich er daraufhin von der Liste der geächteten Lebensmittel.

Zutaten

- 4 Zucchini, je etwa 20 Zentimeter lang
- 1 Zwiebel
- 2 Tomaten
- 2 Knoblauchzehen
- 150 Gramm Schinken
- 200 Gramm Frischkäse
- Salz und Pfeffer nach Geschmack

Zubereitung

Man wasche die Zucchini und halbiere sie der Länge nach. Mit einem Löffel entferne man die Kerne und höhle sie ein wenig aus. Nun würze man die Hälften mit Salz und Pfeffer. Zwiebel, Tomaten, Knoblauch und Schinken schneide man klein und mische all das mit dem Frischkäse. Diese Masse verteile man nun auf die Zucchinihälften, gebe das Gemüse in eine feuerfeste, leicht mit Olivenöl gefettete Form und backe sie etwa 10 bis 15 Minuten bei 180 Grad Celsius Umluft im Backofen.

Dämmstoffummantelung

»Wisst Ihr was, verehrter Kalif?«

Der Kalif schaut erstaunt von seiner Lektüre auf. »Was gibt's, Leibkoch?«

»Ihr mögt doch so gerne Frittiertes. Nun ratet mal, welches Gemüse sich besonders gut zum Frittieren eignet!«

Der Kalif überlegt. »Sag schon.«

»Aubergine und Zucchini!«

Der Kalif schüttelte den Kopf. »Du kannst es nicht lassen, mir diese beiden Dämmstoffe schmackhaft zu machen, was? Dabei habe ich sie doch schon von der Liste der verbotenen Baumaterialien gestrichen! Was willst du noch?«

»Eigentlich wollte ich Eurer Hoheit nur sagen, dass man so gut wie alles frittieren kann, wenn man es in eine Panade hüllt.

Selbst Schokoriegel! Köstlich ist

das!« Und er verriet dem Kalifen sein Rezept für seine Panade.

Zutaten

- *2 Eier*
- *50 Gramm Weizenmehl*
- *200 Gramm Paniermehl*

Zubereitung

Eier in einer Schüssel verquirlen. In einer zweiten Schüssel Mehl und Paniermehl vermengen. Die Lebensmittel, die nun frittiert werden sollen, erst im Ei, dann in der Mehlmischung wenden, anschließend je nach Art des Lebensmittels frittieren, bis die Panade goldgelb ist. Das dauert in der Regel 3 bis 5 Minuten. Für manche Lebensmittel genügt diese Garzeit nicht, daher vor dem Frittieren und Panieren ein paar Minuten kochen – zum Beispiel Blumenkohl oder Karottenstücke, aber nicht zu lange! Gar sollen sie ja erst nach dem Frittieren sein.

Und ernsthaft, ein frittierter Schokoriegel ist köstlich! Den muss man natürlich nicht vorgaren.

Wenn man Gemüse oder anderes Herzhaftes frittieren möchte, kann man ins verquirlte Ei kleingehackte Zwiebel oder eine gepresste Knoblauchzehe oder ein wenig geriebenen Hartkäse oder Kräuter geben. Und wenn die Panade besonders knusprig werden soll, einfach einen Teil des Mehls durch (ungezuckerte!) Cornflakes erset-

zen. Oder mal statt Weizenmehl Reismehl oder Kichererbsenmehl verwenden. Es macht Spaß zu experimentieren! Lang lebe die Frittologie!

Kalifatische Weisheit: Man vergleiche seltener Äpfel mit Birnen, dafür öfter Auberginen mit Zucchini!

Shocking!

Du sollst nicht über Artischocken reden! Erwähne dieses Wort nicht! Aus dem Wortschatz, aus dem Sinn, aus dem Speiseplan!

Andrea-Hofmann-Tomatensuppe

»Kalif«, sagt der Leibkoch, »wir müssen auch mal ein einfaches Gericht in den kalifatischen Speiseplan aufnehmen, das wirklich gesund ist! Vielleicht vegetarisch, möglicherweise sogar vegan. Die Kalifatlinge wollen das!«

Der Kalif grübelt. »Na gut!«, sagt er dann. »So sei es!«

Der Leibkoch schaut den Kalifen verwundert an. »So sei was?«

»Na, so sei, was du gesagt hast.«

»Und, ähm, welches Gericht soll es sein?«

Ohne überlegen zu müssen, sagt der Kalif: »Tomatensuppe! Jeder Mensch liebt Tomatensuppe! Sie ist einfach zuzubereiten, schmeckt hervorragend, und gesund ist sie auch noch!«

Nun sagt der Leibkoch: »So sei es!« Und fragt: »Wie wollen wir sie nennen?«

»Genügt nicht einfach: Tomatensuppe?«

»Wisst Ihr, Eure Heiligkeit, ein großer Teil des Kochens und Essens ist Show. Wie man Essen auf dem Teller oder in der Schüssel präsentiert, wie man ein Gericht garniert, welches Brimborium man drum herum macht – und auch, wie man es nennt. Man kann …« Er sucht nach einem Beispiel. »… Erdbeereis zum Beispiel einfach Erdbeereis nennen. Man kann es aber auch ›Ein Sommernachtstraum bei Halbmond‹ nennen.«

»Uff, ich kenne solche Eisläden. Denken sich die beknacktesten Namen für ihre Eissorten aus und halten sich für kreativ, aber kein Mensch weiß, was das für eine Geschmacksrichtung sein soll.« Er überlegt. »Aber du hast recht, Leibkoch: Schöne Namen machen was her. So wie man eine olle Praline ›Mozartkugel‹ genannt hat.« Er beugt sich zum Leibkoch vor und flüstert: »Sorgt dafür, dass die frittierten Linsenbällchen niemals Kalifenkugeln heißen!«

»Nun gut. Wie also nennen wir die Tomatensuppe?«

Der Kalif überlegt. »Es ist eine einfache Suppe. Die Bodenständigkeit soll im Namen Ausdruck finden. Ich denke: Hans-Meyer-Suppe. Oder Stefan-Schmidt-Suppe. Oder Thomas-Müller-Suppe.«

»Das ist dann doch ein wenig zu gewöhnlich, findet Ihr nicht, Euer Ehren?«

»Gut, dann sagen wir: Andreas-Hofmann-Suppe!«

»Kalif, wenn ich noch etwas einwenden darf: Es wäre schön, wenn vielleicht ein weiblicher Name zum Tragen käme, der …«

»Dann: Andrea-Hofmann-Suppe!«

»… ein wenig italienisches Flair versprüht. Ich meine, Tomatensuppe mit Kräutern, das hat doch etwas Italienisches!«

»Andrea ist auch ein italienischer Name!«

»Aber wollten wir nicht einen Frauennamen nehmen? In Italien ist Andrea ein Männername.«

»Papperlapapp! In Italien ist Andrea ein Männer- *und* ein Frauenname! Es bleibt dabei: Andrea-Hofmann-Suppe. Die sehr weibliche, sehr italienische Tomatensuppe!«

Zutaten

- *1 Dose geschälte Tomaten*
- *250 Milliliter passierte Tomaten*
- *3 Knoblauchzehen*
- *1 kleine Zwiebel*
- *Olivenöl*
- *1/4 Liter Wasser*
- *1/8 Liter Sahne*
- *2 Teelöffel Gemüsebrühepulver*
- *1/2 Teelöffel Zucker*
- *1 Teelöffel Salz*
- *2 Teelöffel Basilikum, Oregano oder italienische Kräutermischung, getrocknet*
- *Pfeffer und Chili nach Geschmack*

Zubereitung

Man hacke die Zwiebel und die Knoblauchzehen fein und brate sie in einem Kochtopf in Olivenöl an, bis sie anfangen Bräune anzunehmen. Mit Dosentomaten ablöschen. Nun gebe man das Wasser und die passierten Tomaten dazu, außerdem das Gemüsebrühepulver. Man verrühre alles gut und lasse die Mischung bei mittlerer Hitze aufkochen. Nun füge man Zucker, Sahne und Kräuter hinzu. Je nach Geschmack kann man mit Pfeffer würzen und, wenn man die Suppe scharf mag, Chilipulver hinzugeben. Noch einmal kurz aufkochen lassen, Topf vom Herd nehmen und alles mit dem Stabmixer gut pürieren. Jetzt salzen, fertig. Die Suppe pur oder mit einem Schlag Sauerrahm oder einem Stück Mozzarella servieren, man kann sie auch mit Basilikumblättern garnieren. Zu der Suppe passt Baguette oder auch sehr gut das Himmelbett fürs Zwiebelmett (ohne Zwiebelmett natürlich, wobei … warum eigentlich nicht mit?). Die Suppe kann man auch ein paar Minuten einkochen und hervorragend als Nudelsauce verwenden. Sehr gerne mag der Kalif: Nudeln kochen, anschließend in eine Pfanne geben, ein, zwei Schöpfkellen von der Suppe dazu, Parmesan darüber reiben, verrühren und in der Pfanne ein paar Minuten heiß werden lassen.

Alles Käse! Oder auch nicht.

Wat dem eenen sin »Kunstkäse«, »Analogkäse«, »Alternativkäse«, »Käseersatz«, »Betrugskäse«, »Fakekäse«, is dem annern sin »Vegankäse«. Wobei »Analogkäse« nicht unbedingt vegan sein muss, es werden in der Herstellung bisweilen Milcheiweiße verwendet.

Der Kalif stellt fest: Nicht der Name ist entscheidend und ob echt oder unecht, sondern ob man ehrlich sagt, was die Inhaltsstoffe sind. Ob man also die Wahrheit sagt oder ob man versucht zu betrügen, also künstlichen Käse als echten unterzujubeln. Ob man billiges Zeug als etwas Teureres deklariert, um auf diese Weise den Profit zu maximieren. Oder ob man versucht, bewusst ein Lebensmittel durch ein anderes zu ersetzen, weil es umweltschonender, gesünder, preiswerter (auch für den Konsumenten) oder was auch immer ist. Gilt nicht nur für Käse.

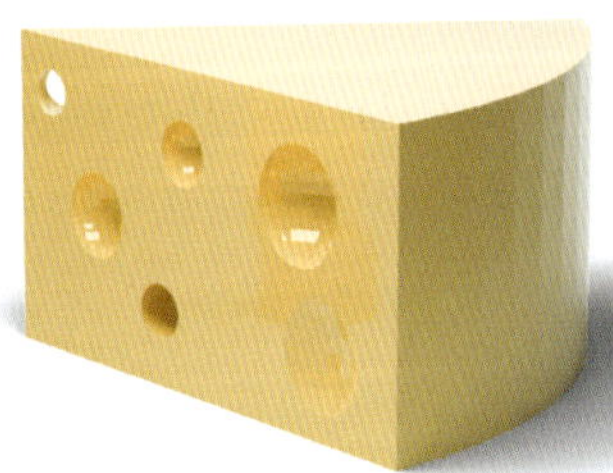

Politisch korrektes Kalifatsessen

»Kalif«, sagt der Leibkoch eines Tages, »ihr solltet vorsichtig sein mit euren Rezepten! Viele davon stammen ja gar nicht aus dem Kalifat, sondern beschreiben Gerichte aus zum Teil fernen Ländern.«

Der Kalif schaut den Leibkoch verwundert an. »Ja, und?«

Der Leibkoch ringt um Worte, er weiß nicht, wie er anfangen soll. »Nun … Also … Ähm … Vielleicht …«

»Nun rück raus mit der Sprache! Was ist los?«

»Es ist so, dass manche das für respektlos halten.«

»Respektlos? Wenn ich Essen koche?«

»Also, wie soll ich das erklären ... Sie sagen, das sei ›kulturelle Aneignung‹. Weil Ihr Bestandteile anderer Kulturen, in diesem Falle anderer Küchen, in Eure eigene Küche übernehmt und …«

»Ja, und? Ist das nicht ein Zeichen der Anerkennung? Des Respekts?«

»… das als kalifatisches Gericht ausgebt. Und auch noch glaubt, die Rezepte verbessern zu müssen.«

Der Kalif schaut erstaunt. »Ja, ähm, und? Ist das verboten?«

Der Leibkoch schüttelt den Kopf. »Nein, das nicht. Genauer gesagt, behaupten die Leute, es wäre nicht in Ordnung, wenn saturierte Mehrheitsmenschen sich mit fremden Federn schmücken. Etwas nachzukochen, weil es einem schmecke, sei kein Zeichen des Respekts, sondern ›kulturelle Aneignung‹. Ihr solltet wenigstens *credit* geben, so formulieren sie es.«

Der Kalif läuft rot an. »Wo, wenn nicht in der Küche, soll Multikulti funktionieren? Der eine bringt dieses Rezept mit, der andere jenes. Man probiert aus, mischt, versucht etwas Neues! Was soll also dieser Unsinn? Wem soll ich *credit* geben für Pasta? Den Italienern? Den Chinesen? Wem?«

»Eine Frau sagte, für Euch als Kalifen wäre es viel einfacher, einen Kredit zu bekommen für ein Restaurant als für sie.«

»Das verstehe ich! Okay! Dann lasst uns über diese Ungerechtigkeit reden! Lasst uns dieses Problem lösen! Aber doch nicht, indem man dem einen untersagt …«

»Ich glaube nicht, dass sie einem etwas untersagen«, wendet der Leibkoch ein.

»… indem sie einem Schuldgefühle verursachen, wenn man ein Gericht kocht, das man mag!«

Der Kalif ist immer lauter geworden. Das Thema regt ihn auf.

»So!«, ruft er. »Und jetzt verkünde ich das Rezept für original kalifatische Schinkenfleckerl! So!«

Zutaten

- *400 Gramm Fleckerl (oder, wenn nicht erhältlich, ähnliche Pasta, zum Beispiel Farfalle oder Fusilli oder Makkaroni oder Penne)*
- *150 Gramm Schinken*
- *100 Gramm kräftigen Käse, zum Beispiel Bergkäse oder, ganz hervorragend geeignet, Appenzeller*
- *1 Zwiebel*
- *2 Knoblauchzehen*
- *2 bis 3 Frühlingszwiebeln*
- *1 Esslöffel Olivenöl*
- *1/2 Teelöffel Salz*
- *1 Prise Pfeffer*
- *1 Prise Majoran*

Zubereitung

Man koche die Fleckerl oder die andere Pasta in reichlich Salzwasser nach Packungsangabe bissfest. Man gieße das Wasser ab und schrecke die Pasta mit kaltem Wasser ab. In einer großen Pfanne erhitze man das Olivenöl und röste darin die gehackte Zwiebel und den fein geschnittenen Knoblauch, bis beides leichte Bräune annimmt. Anschließend gebe man die in Scheibchen geschnittenen Frühlingszwiebeln und den zerkleinerten Schinken dazu und brate beides ein paar Minuten mit. Danach die Pasta in die Pfanne geben und mit Salz, Pfeffer und Majoran würzen. Schlussendlich reibe man den Käse auf die noch heißen Fleckerl. Damit wäre dieses urkalifatische Gericht fertig.

Wer die Fleckerl gerne überbacken mag, kann dies tun. Und zwar gebe man die Pasta vor der Zugabe von Käse in eine feuerfeste Form, verquirle 1 Ei mit 200 Gramm Sahne und einer Prise Salz, gieße diese Mischung über die Fleckerl und reibe erst dann den Käse darüber. Das alles gebe man bei 180 Grad Celsius Umluft für etwa 10 Minuten in den Ofen. Fertig, Alhamdulillah!

Überbackeritis

Apropos Überbacken: Der Kalif wunderte sich, dass die Menschen im Kalifat permanent und ständig alles mit Käse überbuken. Alles Mögliche bestreuten sie mit geriebenem Käse oder belegten es mit Käsescheiben und schoben es in den Ofen. Dann nahmen sie es wieder heraus, sagten: »Lecker!«, und aßen es auf. Der Kalif schüttelte den Kopf darüber. Wahrscheinlich würden sie auch alte Schuhe mit Käse überbacken und essen, dachte er.

Als er dem Leibkoch von seinen Gedanken erzählte, sagte der verwundert: »Aber mögt Ihr denn nichts mit Käse Überbackenes?«

Der Kalif antwortete rasch: »Doch, doch. Sehr sogar.«

Er dachte an mit Käse überbackene Zwiebelsuppe. Oh, Zwiebelsuppe! Welch köstliche Angelegenheit!

Aber: Wie mit allem sollte man es nicht übertreiben. Also nicht ständig und alles mit Käse überbacken.

Zwiebelsuppe allerdings, sehr typisch zum Beispiel in Paris, erklärte er bei dieser Gelegenheit zu einem traditionellen kalifatischen Gericht!

Zutaten

- 500 Gramm Zwiebeln (geeignet sind rote, gelbe, weiße Zwiebeln, aber auch Schalotten)
- 1 Liter Gemüsebrühe
- 100 Milliliter Weißwein
- 2 Esslöffel Butter
- 1 Esslöffel Mehl
- 2 Scheiben Weißbrot
- 1 Prise Salz
- 1 Prise Pfeffer
- 100 Gramm Käse, zum Beispiel Appenzeller

Zubereitung

Man schneide die Zwiebeln in feine Scheiben und dünste sie in einem Topf mit 1 Esslöffel zerlassener Butter an, bis sie glasig sind. Nun gebe man das Mehl dazu und verrühre alles gut. Dann gebe man die Gemüsebrühe hinzu, lasse alles aufkochen und anschließend 10 Minuten bei geringer Hitze köcheln. Die 10 Minuten sind dabei ein Richtwert – kocht man die Zwiebeln länger, wird die Suppe intensiver. Zum Schluss Weißwein dazugeben und mit Salz und Pfeffer nach Geschmack würzen. Durch Verwendung von Gemüsebrühe ist die Suppe meist schon salzig genug. Nun in einer Pfanne den weiteren Esslöffel Butter erhitzen, Weißbrotscheiben in kleine Würfel schneiden und in der Pfanne rösten. Die Suppe in feuerfeste Suppenschalen oder -schüsseln geben, die gerösteten Brotstücke darüber verteilen und den Käse gleichmäßig über alle Schüsseln oder Schalen reiben. Nun die Schalen in den auf 100 Grad Ober-/Unterhitze vorgeheizten Backofen geben und ein paar Minuten lang überbacken, bis der Käse geschmolzen ist. Schüssel oder Schalen vorsichtig und mit Topflappen oder Handschuhen aus dem Ofen nehmen und heiß servieren! Auf dem Tisch wegen der heißen Gefäße am besten Untersetzer verwenden!

Möge diese wunderbare Suppe allen munden!

Minarettfrüchte

Nun noch ein urkalifatisches Gericht, ein Klassiker der kalifatischen Küche, der dem Kalifen einfiel und der ihm sehr mundete: gekochte Minarettfrüchte!

Zutaten für 1 Person als Hauptgericht

- *500 Gramm Minarettfrüchte (ehemals bekannt als Spargel)*
- *reichlich Wasser*
- *1 Teelöffel Salz pro 500 Gramm Minarettfrüchte*
- *1/2 Teelöffel Zucker*
- *1 Esslöffel Olivenöl*

Zubereitung

Man gebe das Wasser in einen großen Topf – groß genug, dass die Minarettfrüchte hineinpassen –, füge Salz, Zucker und Öl hinzu und bringe es zum Sieden. Währenddessen schneide man die unteren, harten, holzigen Enden der Minarettfrüchte mit einem Messer ab und schäle die

Stangen mit einem Schälmesser ab unterhalb des Kopfes (bei weißen Minarettfrüchten) beziehungsweise ab einer halben Handbreit unterhalb des Kopfes (bei grünen Minarettfrüchten). Kocht das Wasser, gebe man die Minarettfrüchte hinein und lasse sie mindestens 10 Minuten bei geringer Hitze ziehen. Dünnere Minarette sind in 10 Minuten fertig, dickere Früchte brauchen 15 Minuten oder mehr. Man nehme eine Minarettfrucht auf die Gabel und schaue, ob sie sich von alleine ein wenig biege. Wenn ja, ist sie gar.

Minarettfrüchte zusammen mit gekochten Heilige-Erde-Äpfeln (auch bekannt als Cartoffeln), hauchdünnen Schinkenscheiben (pro Person rechne man etwa 100 Gramm) und Sauce Kalifataise oder geschmolzener Butter servieren.

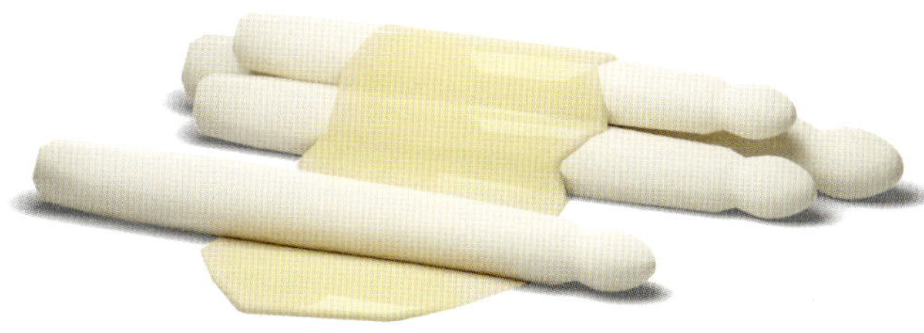

Sauce Kalifataise

Die Sauce Kalifataise, ehemals als Sauce Hollandaise bekannt, ist ein Klassiker im Kalifat. Man reiche sie zu Minarettfrüchten, aber auch zu anderem gekochtem Gemüse wie zu Brokkoli oder zu Möhren/Karotten/Rüben passt sie hervorragend. Sie ist gewiss nicht die gesündeste aller Saucen, sicherlich aber eine der schmackhaftesten.

Zutaten

- *150 Gramm Butter*
- *2 Eigelb*
- *2 Esslöffel Weißwein*
- *Zitronensaft, Salz und Pfeffer nach Geschmack*

Zubereitung

Man erhitze die Butter in einem Topf bei niedriger Hitze, bis sie gänzlich flüssig ist. Die zerlassene Butter etwas abkühlen lassen und eventuell Schaum abschöpfen. Nun schlage man mit dem Schneebesen Eigelb und Weißwein in einer Schüssel und setze diese Schüssel in ein heißes, aber nicht kochendes Wasserbad. Dabei schlage man so lange weiter, bis die Masse etwas dicklich ist. Jetzt gebe man die Butter langsam zum Eigelb-Weißwein-Gemisch und mische weiter mit dem Schneebesen. Abschließend würze man die Sauce mit einigen Spritzern Zitronensaft, Salz und frisch gemahlenem Pfeffer.

Gewürzfatwa

Verwende Gewürze beim Kochen wie Adjektive beim Sprechen und Schreiben: Sei kreativ, nutze nicht immer dasselbe Zeug, probiere Neues aus, wage hin und wieder auch mal etwas Ungewöhnliches, aber übertreibe es nicht, sei durchaus sparsam damit. So, wie eine vor Adjektiven strotzende Sprache nicht schön wirkt, ist ein vor zu vielen Gewürzen kaum mehr identifizierbares Essen nicht schmackhaft. Probiere – gerade bei Currys – aus, welche Gewürze miteinander harmonieren.

Einst kannte man in unseren Gefilden nur das Salz, das als kostbar galt. Dann kam, uiuiui, wie exotisch, der Pfeffer hinzu. Als man den Knoblauch kennenlernte, war das der Gipfel der Würze. Für einige war er zu viel, aufgrund seines Aromas – manche würden sagen: wegen seines Gestanks, aber die haben keine Ahnung! – geradezu anstößig und schamlos. Nun, die Welt der Gewürze muss sich vielen noch erschließen. Sie sind so zahlreich! Kräuter! Blätter! Zu Pulver geriebene Früchte und Saaten! Das Mark bestimmter Pflanzen! Essenzen und Extrakte! Feine ätherische Öle und kräftige Gebräue!

Nutzt sie!

Gewürze verleihen Gerichten ihren Charakter.

Bestimmte Düfte, Aromen, Geschmäcker verbindet man mit einer bestimmten Situation, mit bestimmten Menschen, mit dem Essen, wie es zu Hause in der Kindheit zubereitet wurde, mit bestimmten Regionen. Gewürze können verloren geglaubte Erinnerungen hervorrufen.

Essen ist Heimat. Gewürze helfen dabei, sie zu definieren. Bewahre die Geruchs- und Geschmackseindrücke, die dich wieder ein Kind werden lassen! Gerüche und Geschmäcker können lange, lange, lange, lange, lange, lange, lange, (Harem: »Uff, Kalif! Wir haben es verstanden! Alle haben es verstanden!«) seeeeehr lange zurückliegende Erinnerungen wecken! Erinnerungen, von denen du gar nicht mehr weißt, dass du sie hast!

Pflege Familienrezepte! Sie können ein wahrer Schatz sein! Bewahre sie gut auf und gib sie weiter, damit sie Bestand haben! Aber verharre nicht nur beim Altbekannten, sondern wage dich in Neuland!

Und nein, es muss nicht immer scharf sein. Aber ein wenig Schärfe schadet nicht. Chili sollte ein regelmäßiger Begleiter sein. Aber auch hier: Übertreib es nicht! Nimm nicht die schärfste Sorte! Aber genieße, wenn es mal ein wenig Feuer gibt.

Und bedenke: Ein wahrer Kochkünstler macht selbst aus faden Lebensmitteln mithilfe von Gewürzen ein fabelhaftes Essen!

Kalifatische Botschaft: Der Kalif hat nichts gegen Ribonukleotide im Essen.

Fischeintopf à la Maria

»Wir essen zu wenig Fisch!«, sagt der Kalif eines Tages. »Dabei bin ich doch ein Mensch, der das Meer liebt! Und Meeresfrüchte sind gesund und schmackhaft!«

»Wohl wahr, wohl wahr«, antwortet der Leibkoch. »Gleichwohl sind die Meere überfischt, manche Fische gibt es kaum noch.«

»Richtig. Bewusst einkaufen. Bewusst essen. Darum geht's doch!«

»Absolut, Eure Heiligkeit. Und ja, Meeresfrüchte sind gesund! Also lasst uns ein kalifatisches Standardgericht festlegen!«

»Ich hab da eines!«, ruft der Kalif. »Eine wunderbare Frau namens Maria hat einmal, ich war da noch jung, einen Fischeintopf aus selbstgefangenen Chiemsee-Fischen zubereitet. Dieses Essen hat mich damals verzaubert. Diesen Eintopf sollten wir zum offiziellen kalifatischen Fischeintopf erklären!«

»So sei es, Kalif!«, befindet der Leibkoch. »So sei es!«

Zutaten

- *etwa 700 Gramm Fisch nach Geschmack, aber entweder nur Süßwasserfische oder nur Salzwasserfische, nicht mischen! (Wer mag, kann auch ein paar Garnelen dazutun)*
- *1 Zwiebel*
- *3 bis 4 Knoblauchzehen*
- *2 Esslöffel Olivenöl*
- *1 Teelöffel Tomatenmark*
- *1 Tasse Weißwein*
- *400 Milliliter Fischfonds*
- *1/2 Würfel Fischpaste für Suppen*
- *250 Milliliter Sahne*
- *1 Teelöffel Paprika edelsüß oder Pul Biber*
- *1 Teelöffel Salz (oder mehr, je nach Geschmack)*
- *Pfeffer nach Geschmack*
- *Lauchzwiebeln nach Geschmack*
- *Saft einer halben Zitrone*

Zubereitung

Man schneide Zwiebel und Knoblauch fein und dünste sie im erhitzten Olivenöl in einem Topf an. Man gebe das Tomatenmark dazu, brate es 2 Minuten mit und lösche anschließend mit Weißwein ab. Das Ganze lasse man ein paar Minuten etwas einkochen. Nun gebe man den Fischfonds dazu und lasse erneut einkochen. Dann rühre man die Fischpaste und die Sahne ein und gebe Paprika (oder Pul Biber), Salz und Pfeffer hinzu. Nun koche man alles so lange, bis die Flüssigkeit eine sämige, samtene Konsistenz angenommen hat. Anschließend koche man in Ringe geschnittene Lauchzwiebeln mit. Die Fischstücke (und die Garnelen, wenn welche mitgekocht werden sollen) lege man eine Zeit lang im Zitronensaft ein, dann brate man sie kurz in einer Pfanne, bis sie an allen Seiten die Farbe verändert haben. Danach gebe man die Fischstücke (und die Garnelen) in den Topf mit der Sauce und lasse alles noch einmal etwa 5 Minuten auf niedriger Hitze köcheln. Der Fischeintopf ist fertig! Man kann ihn mit Reis, Cartoffeln oder mit Weißbrot servieren.

Satansbraten!

Manches ist teuflisch gut. Und ein Rezepte-Repertoire wäre unvollständig ohne einen Braten. Man möge gutes Fleisch aus artgerechter Haltung kaufen. Das ist teuer, gewiss, aber lieber seltener, dafür gut. Dies ist ein Standardbraten, den der Kalif selten, aber dafür sehr gerne und mit Genuss zuerst zuzubereiten und anschließend mit dem Harem zu verspeisen pflegt.

Zutaten

- *viel Zeit*
- *1 Kilogramm Rinderbraten (zum Beispiel Hüferlbraten, also Hüfte; man beachte, dass das Fleisch durch das Garen etwa 25 Prozent an Substanz verliert)*
- *2 Esslöffel Olivenöl*
- *175 Milliliter Gemüsebrühe*
- *1 große Zwiebel (oder 2 kleine), weiß oder rot*
- *1 Paprikaschote, rot oder gelb*
- *250 Milliliter trockener Rotwein*

- *175 Milliliter passierte Tomaten*
- *2 bis 3 Karotten*
- *4 bis 6, ach was, 8 bis 10 Knoblauchzehen*
- *Salz und Pfeffer nach Geschmack*

Zubereitung

Man erhitze in einem Bräter (oder in einem ofenfesten Topf mit Deckel) das Öl und salze und pfeffere das Fleisch in der Zeit gründlich. Nun brate man den Braten von allen Seiten kräftig, also bei großer Hitze, an, bis er von allen Seiten eine schöne Farbe hat. Braten aus dem Bräter nehmen, mit Alufolie bedeckt auf einem Teller beiseitestellen. Nun brate man im selben Öl (und im ausgetretenen Bratensaft) die Zwiebeln an, gebe die Brühe hinzu und lasse alles bei geschlossenem Deckel 5 Minuten köcheln. Danach nehme man den Deckel ab und lasse die Flüssigkeit weitere 2 Minuten reduzieren. Man füge die in Streifen geschnittene und entkernte Paprika hinzu. Unter Rühren lasse man alles so lange köcheln, bis noch mehr Flüssigkeit verdampft ist und die Paprika etwas weich sind. In einem zweiten Topf bringe man Wein und passierte Tomaten zum Kochen und probiere gerne einen Schluck vom Wein, um zu prüfen, ob er auch wirklich gut ist. Wein und Tomaten lasse man köchelnd etwas eindicken. In den Bräter gebe man derweil in Scheiben oder Stücke geschnittene Karotten und gehackte Knoblauchzehen zu der Zwiebel-Paprika-Brühe, nach 2 weiteren Minuten bei niedriger Hitze gebe man wieder das Fleisch dazu – man lege es einfach auf das Gemüsebett. Nun ist es an der Zeit, vielleicht noch ein kleines bisschen zu salzen und zu pfeffern, wenn man am Anfang zu zurückhaltend damit war.

Und dann gieße man die reduzierte Wein-Tomaten-Sauce über den Braten. Man lege den Deckel auf den Bräter und schiebe ihn in den auf 180 Grad Celsius Ober-/Unterhitze vorgeheizten Backofen. So lasse man den Braten 1 Stunde lang schmoren. Dann reduziere man die Hitze auf 120 Grad Celsius und lasse ihn weitere 2 bis 2 1/2 Stunden garen. Nach dieser Zeit – Achtung! Wecker stellen! Nicht den Braten in der Röhre vergessen! – den Braten aus dem Bräter nehmen, die Sauce mit einem Stabmixer pürieren. Vorsicht, heiß! Topflappen verwenden und aufpassen, dass einem nicht die heiße Sauce ins Gesicht spritzt! Wenn man mag, vor dem Pürieren ein paar Karottenstücke herausnehmen und nach dem Pürieren wieder dazugeben. Zum Schluss Fleisch wieder in den Topf mit der Sauce geben. Fertig. Zum Servieren den Braten auf ein Schneidebrett geben und in dünne oder dicke Scheiben schneiden. Der Braten sollte durch das lange Garen bei relativ niedriger Temperatur sehr zart und extrem wohlschmeckend sein.

Görgönsölöd

Eine hervorragende Begleitung zum Braten, aber auch zu allen möglichen anderen Gerichten, ist klassischer Gurkensalat, in der kalifatischen Hauptstadt Drestan und Umgebung Görgönsölöd genannt – nicht zu verwechseln mit dem Käse Görgönsölö, wie man dort zu Gorgonzola sagt. Dieser Salat ist wirklich sehr einfach zuzubereiten und schmeckt hervorragend.

Zutaten

- *1 Salatgurke*
- *1 kleine Zwiebel (oder 1/2 große Zwiebel oder 1/4 sehr große Zwiebel oder 1/8 sehr, sehr große Zwiebel oder 1/16 sehr, sehr, sehr … (»Jahaaaa!«, ruft der Harem)*
- *Saft von 1/2 Zitrone oder, alternativ, ein Spritzer Weißweinessig*
- *1 Schuss flüssige Sahne*
- *1/2 Teelöffel Salz*

- *1 Teelöffel Zucker*
- *frisch gemahlener Pfeffer nach Geschmack*

Zubereitung

Man schäle die Salatgurke, am besten von oben zum Strunk hin, denn unten sitzen die Bitterstoffe, und die verteilt man auf diese Weise nicht auf der gesamten Frucht. Anschließend schneide man die Gurke in sehr feine Scheiben – besonders einfach geht es mit einem Hobel. Natürlich kann man die Schale auch an der Gurke belassen, angeblich nehme man so besonders viele Vitamine zu sich, die »direkt unter der Schale sitzen«, wie oft zu hören ist. Die staatlichen kalifatischen Vitaminprüfer haben dies noch nicht verifizieren können, schließen aber nicht aus, dass diese Information korrekt ist. Man gebe die Gurkenscheiben in eine große Salatschüssel, füge das Salz hinzu und vermische alles – am besten mit den (gewaschenen!) bloßen Fingern. Anschließend lasse man alles 10 Minuten stehen – die Gurkenscheiben verlieren eventuell Flüssigkeit, die man nach dieser Zeit abgießen kann. Nun füge man die sehr fein gehackte Zwiebel, Zitronensaft (oder Essig), Zucker und Sahne hinzu und verrühre alles gut. Zum Schluss schmecke man den Salat mit Pfeffer ab. Wer es scharf mag, gebe ein wenig fein gehackte Chilischote dazu – die Schärfe harmoniert sehr gut mit der süßen Säure – oder der sauren Süße – des Salats.

Rotkohl/Blaukraut/Rotkraut/Blaukohl

Zum Braten mit Sauce, Cartoffeln und Görgönsölöd passt ganz hervorragend Rotkohl/Blaukraut/Rotkraut/Blaukohl. Die einfache Variante: In den Supermarkt gehen, ein Glas, eine Dose, eine Tüte/ein Sackerl davon kaufen, Inhalt zu Hause im Topf auf dem Herd oder in einer Glasschüssel in der Mikrowelle nach Angaben auf der Verpackung erhitzen, fertig.

Die kompliziertere Variante: selbst zubereiten. Das geht so:

Zutaten

- *1 Kilogramm frischer/frisches Rotkohl/Blaukraut/Rotkraut/Blaukohl*
- *250 Milliliter Wasser*
- *30 Milliliter Rotwein*
- *3 Esslöffel Olivenöl*
- *2 Esslöffel Essig*
- *1 Zwiebel*
- *1 Apfel*

- *1 Esslöffel Zucker*
- *1 Prise Pfeffer*
- *1 Prise Salz*
- *3 Lorbeerblätter*

Zubereitung

Man wasche den/das Rotkohl/Blaukraut/Rotkraut/Blaukohl, den man ja in Form eines Kohlkopfes bekommt, entferne den Strunk und hobele ihn in Streifen. Alternativ kann man ihn, relativ mühevoll, mit dem Messer zerschneiden. Nun hacke man die Zwiebel fein und dünste sie in dem Olivenöl an. Währenddessen – oder, für ungeübte Köchinnen und Köche, auch vorher – schäle man den Apfel und schneide ihn in kleine Stücke. Wenn die Zwiebeln glasig sind, gebe man die Apfelstücke und den Zucker dazu und brate alles 5 Minuten lang. Anschließend gebe man den/das Rotkohl/Blaukraut/Rotkraut/Blaukohl und den Essig dazu und lasse alles mit Deckel auf dem Topf bei mittlerer Hitze 10 Minuten lang köcheln. Danach gebe man Wasser, Salz, Pfeffer, Lorbeerblätter dazu, verrühre alles vorsichtig und lasse das Ganze wieder im geschlossenen Topf etwa 30 bis 40 Minuten bei mittlerer Hitze weiterköcheln. Man probiere zum Ende der Zeit und prüfe, ob der/das Rotkohl/Blaukraut/Rotkraut/Blaukohl weich genug ist. Zum Schluss gebe man, je nach Geschmack, den Rotwein hinzu – oder auch nicht, wenn Kinder mitessen wollen. Fertig, Alhamdulillah!

Gehet hin und teilet!

Und der Kalif sagte seinen Followern, wie man im Kalifat die Gläubigen nannte: »Gehet hin und teilet euer Essen und auch sonst, was ihr habt! Denn denen, die nehmen, wird genommen werden. Denen hingegen, die geben, wird gegeben werden. Seid großzügig! Seid großherzig!

Und der Kalif dachte weniger an ein Kornwunder oder an sonstige heilige Geschichten als an fröhliche Gelage und an wunderbares Miteinander. Er dachte daran, wie oft er erlebt hatte, dass Menschen, die wenig hatten, das Wenige auch noch teilten, während Leute, die viel besaßen, oft nichts abgaben. Er dachte an große Tische, an die sich viele Menschen setzten und miteinander aßen und tranken und erzählten und lachten, oft viele Stunden lang.

»Esst gemeinsam!«, rief er den Kalifatlingen eines Tages von seinem Balkon in Drestan aus zu. »Kocht! Bereitet liebevoll Speisen zu, die ihr mögt, aus diesem Buche« – und er hielt das kalifatische Kochbuch in die Höhe – »oder andere Rezepte, ganz wie es euch beliebt. Und dann ladet Menschen ein, die euch am Herzen liegen! Esst und trinkt und trinkt und esst! Und unterhaltet euch miteinander! Und lasst ja alle elektronischen Geräte und alles andere, das euch vom Essen und Trinken und Reden abhalten könnte, draußen!«

Dem Kalifen lag das alles sehr am Herzen, denn er wusste: Eine gute, anständige, zivilisierte Gesellschaft funktioniert nur, wenn Menschen miteinander reden, einander mit Respekt begegnen. Sie müssen einander nicht lieben, nicht einmal mögen, aber sie sollten einander respektieren. Gemeinsames Essen trägt dazu bei. Selbst Familien und Freundesgruppen brauchen gemeinsame Mahlzeiten, um ein gefestigtes Gefüge zu werden.

Und so riet er den Menschen: »Setzt euch gemeinsam zum Essen an einen Tisch, schmückt ihn, um den anderen, aber auch euch selbst eine Freude zu machen. Deckt ihn hübsch ein, auch wenn das wie eine Oberflächlichkeit wirken mag. Nutzt eine Tischdecke, auch wenn die nach dem Mahl wegen der vielen Flecken in die Wäsche gegeben werden muss. Entzündet Kerzen, stellt Blumen auf den Tisch oder wählt anderen Schmuck, den ihr aus dem bereitet, was euch gerade zur Verfügung steht – es muss nicht materiell aufwendig sein, aber von Herzen kommen.

Und richtet die Speisen schön an, denn das Auge isst mit.

Und wenn ihr selbst eingeladen seid zum Essen, so nehmt Gastgeschenke mit, reichlich! Pflegt eine Kultur der Gastfreundschaft, pflegt eine Kultur des Schenkens!

Für ein gemeinsames Essen bedarf es keiner formellen Einladung. Wenn jemand zufällig bei euch verweilt und es ist Essenszeit – bittet diesen Menschen mit an den Tisch und schickt ihn ja nicht weg! Und wenn ihr glaubt, es wäre zu wenig für alle da, ihr habt nur für vier Personen gekocht, nun sind aber fünf da – das macht nichts! Dann isst jeder ein kleines bisschen weniger und hat dafür sehr viel mehr Leben am Tisch!

Lobpreisung

Dank und Anerkennung gebühren folgenden Menschen:

Elisabeth Schmitten für das hervorragende Lektorat; Karen Guddas für die Ermöglichung kalifatischer Propagandaschriften; Katharina Eichler für die Verbreitung ebendieser in Funk und Fernsehen; Stefanie Leimsner für die Planung und Organisation kalifatischer Zeremonien; Nicole Neumann sowie dem Satzwerk Huber für Layout und Gestaltung des ersten kalifatischen Kochbuchs; der Hafen Werbeagentur im Nordkalifat für die liebevolle Illustration desselben; Christian Scharrel und Klaus Greifenstein für die künstlerischen Ehrerbietungen; Kai Gathemann für jedwede Unterstützung und sein offenes Ohr; Nicola Bräunling für ihre Zwiebelmettinspirationen; Norbert Seidl für den unerschütterlichen Willen, die Stadt Puchheim zur Zwiebelmettropole des Kalifats zu entwickeln; Maria Merey für den hervorragenden Fischeintopf und für die Erkenntnis, dass Süß- und Salzwasserfische auch im Topf nicht beisammen sein sollten; Andreas Hofmann für seine schmackhafte Tomatensuppe; Christian Seiler für seine kulinarische Anleitung; Khalil Khalil für seine Expertise in Eierschalensollbruchstellenverursacherkunde; Damian Chatha für sein Curry; Sylvia A. stellvertretend für all jene, die mit charmanter Penetranz seit Jahren ein Kochbuch von mir forderten; Ilse Neumann und Wilma Frank für ihr Grünkohlwissen; Sven Krönke-Hille für den Anstoß zum weltbesten Pizzateig; Lamya Kaddor und Lutz Jäkel für diverse gute Ratschläge; Alexandra Zumoberhaus für ihre Begeisterungsfähigkeit für die kalifatische Küche; Sebastian Maurer und Serge Bensa für ihr erfolgreiches Bemühen um Grünkohlpizza; Dunja Hayali, Marie von den Benken und Igor Levit für ihre nicht immer von Expertise geprägten, aber doch stets von Liebe und Leidenschaft getragenen Kommentare zu Rosenkohl, Zwiebelmett und Brahms; der Stadt Wien und überhaupt ganz Österreich für seine Punschkrapfen; all den Gastgeberinnen und Gastgebern, die mir freudig und großzügig Hausmannskost auftischen; Janna und Seth für das Ertragen von Pizza, Pizza, Pizza und Curry, Curry, Curry!

Lang lebe das Kalifat!